Esta historia comienza,cuando nace nuestro pequeño protagonista,en un frío día de invierno,de una ciudad cualquiera de este mundo y es que la madre de nuestro desdichado amigo,dio a luz a cuatro preciosos cachorritos,cuyas vidas se separarán para siempre muy pronto,porque,como ya habréis adivinado,en esta aventura no solo se cuenta la vida de un perro,si no la de muchos,porque es el reflejo de una oscura realidad,que por desgracia,seguirá ocurriendo.

Todo empieza el día en el que la dueña de la madre,de esos adorables cachorros,se da cuenta de que por fin,su querida perrita ha criado ya.Decidida a venderlos o regalarlos dentro de unas semanas,cuando ya sean un poco más grandes,les echa unas fotos para ponerlas en anuncios por Internet y tiendas,como hace siempre.Son días de alegría y felicidad para estos recién nacidos,cuya única preocupación,es poder alimentarse de la rica leche de su atenta madre,que no se separará de ellos ni un instante.Van pasando los días y los cachorros,ya han abierto los ojos y empiezan a corretear por el cesto donde nacieron,jugando entre ellos,¡que lindos son!.Han pasado ya tres semanas y los cuatro cachorros,ya son el triple de grandes,se salen de la cesta y andan por toda la casa.Son todos muy felices,pero cada día que pasa están más cerca de la inevitable separación.La dueña,ya ha recibido varias ofertas por ellos y esta deseando que tengan al menos un mes para venderlos.Y por fin,ya hace un mes que nacieron,ya pesan varios kilos cada uno y ya tienen las primeras vacunas puestas,ahora solo queda esperar a ver quién es el primero en irse.En el día 34,suena el teléfono de la dueña;es un comprador y quiere dos y le dice a la dueña,que vendrá esa misma tarde.Entonces,mientras están los 4 durmiendo en el cesto y aprovechando que la madre nc está,se acerca sigilosamente para coger al macho y a la hembra que le han pedido,los mete en una jaula y se los lleva para vendérselos al comprador que vendrá enseguida.A pesar de que los gruñidos de ambos,han despertado a los otros dos,no saben que ya no los volverán a ver nunca más.Y llegó el comprador.

-Buenas tardes señora,¿donde están los cachorros que le he pedido?-

-Aquí están señor,son estos dos;este es el macho y esta la hembra.-Responde la dueña.-Espero que los cuide bien y no los abandone cuando sean grandes,como hace mucha gente.-

-Claro que no señora,a mí me encantan los animales,yo nunca haría eso.-

-Pues muchas gracias-le dijo la dueña.Y el comprador se marchó.Y así fue,como dos de los cuatro hermanos se fueron a empezar una nueva vida.

Siguen pasando los días y aunque la madre,si ha notado la ausencia de sus dos hijos porque está triste,los otros dos hermanos siguen felices y contentos,de momento.Ya han pasado 8 días desde que los dos cachorros fueron vendidos y aunque nuestro

simpático protagonista vive feliz con el hermano que le queda y
su madre,esta a punto de vivir su primera mala experiencia,ya que
hoy precisamente,la dueña ha recibido otra oferta por otro
cachorro.Ajenos a lo que está por venir,los hermanos están
jugando tranquilamente en el jardín de la casa,como
siempre,revolcándose por el suelo y "luchando" entre ellos,cuando
de repente,nuestro amiguito ve algo que le llama la atención,es
algo que nunca había visto,un pequeño ratón que pasa cerca de
ellos,y la curiosidad,hace que vaya tras él,pero éste se mete en
un agujero del suelo y consigue escaparse.Entonces,el cachorro
desiste en su empeño de poder ver al animalito,desconocido para
él y vuelve con su hermano,pero un momento,¿dónde está?.
-Si estaba aquí hace un rato.Seguro que está escondido por ahí y
quiere que lo busque-.Pensó nuestro amigo,pero pasan las horas y
el hermanito no aparece.Su mamá ya sabe que cuando desaparecen ya
no vuelven jamás,pero él no pierde la esperanza y sigue buscándolo por toda la casa,esperando a que aparezca por algún rincón.
Hace ya un día que nuestro personaje está solo con su madre.Ha
pasado la noche sin dormir,intranquilo,acordándose de su hermano
y de dónde podría estar.Pasan los días y lo echa mucho de
menos,pero poco a poco,va olvidándose de él,para volver a ser ese
perrito alegre que siempre ha sido.El tiempo pasa inexorable,hace
ya 2 meses que empezó esta historia y el cachorro,ya no lo es
tanto,ya puede comer por sí solo y no depende tanto de su
madre.La dueña es consciente de que cuanto más crezca,será más
difícil venderlo y por eso ha decidido regalarlo ya.
-Hola vecina,¿quieres este cachorro que me queda?-
-Ay que bonito es.Creo que a los niños les encantará-respondió
esta.-Pero,¿de qué raza es?,es que no quiero que se haga muy
grande-.
-Tranquila,este perro no crece mucho más,es una mezcla,pero no se
hace grande,será mediano y no pesará más de 10 o 12 kgs y si lo
cuidas bien,durará más de 10 años-dijo la dueña muy segura.
Y así fue,como empezó una nueva etapa en la vida de nuestro
amigo.Y en este preciso momento,ya podemos decir,que hemos
llegado al final del principio de esta historia.
Ahora hablemos un poco de esta nueva familia en la que vivirá a
partir de ahora.Se trata de una familia normal de clase media,
compuesta por la madre,el padre y los dos hijos pequeños;la hija
de 12 años y el niño de 10.Viven de alquiler,en una vivienda en
bajo,con un pequeño patio donde alojarán al nuevo miembro.
-Mirad niños lo que os he traído-exclamó la madre entusiasmada.
-¡Ay que guay!,es un perrito,que chulo.-Dijeron llenos de alegría
los pequeños.Y empezaron a cogerlo,acariciarlo y hacerle todo
tipo de mimos típicos de los niños cuando tienen su primera
mascota.
Pero volvamos a centrarnos en el principal personaje de esta
aventura,que después de superar la pena de haberse separado de su
madre y su hogar,a partir de ahora,tendrá que acostumbrarse a
vivir con estas personas y aunque al principio está asustado y
tembloroso por esta nueva situación,pronto se sentirá a gusto y
seguro,a medida que van pasando los días.Solo el padre se muestra

en contra de tenerlo en casa,de hecho nada más llegar,ya se lo
hizo saber a su mujer.
-¿De dónde has recogido a este perro?-le preguntó,algo molesto.
-Me lo dio la vecina de enfrente.No te pongas así,sabes que
siempre hemos querido tener uno-.
-¡Pues ya sabéis que tendréis que cuidarlo vosotros tres.Yo no
quiero saber nada¡-replicó,que a regañadientes tuvo que aceptar
la presencia del animal y a pesar de ese enfado inicial,fue el
que propuso ponerle un nombre al can.
-Bueno,pues ya que estáis decididos a quedárselo habrá que
ponerle un nombre y yo tengo uno adecuado.¿Qué os parece Maldi,de
maldito?-preguntó.
-¡Que feo!,a mí me gusta más Keke,que es muy fácil de pronunciar-
dijo el hijo.
-Pues a mí no me gusta ninguno de esos,yo lo llamaría Capican-
Opinó la madre.Y la hija,que aún no había dicho nada,por fin dijo
-Pues yo le pondría Pequeguay,por que es,!pequeño y guay!-
-Entonces,como no hay acuerdo,lo echaremos a suertes-sentenció la
madre.Y así lo hicieron,resultando ganador Maldi,el del padre,
cuyo nombre,ya presagiaba el futuro de nuestro amigo.
Mientras tanto,en estos primeros días,la convivencia de Maldi con
sus nuevos dueños no puede ser mejor y pronto se convirtió en el
rey de la casa.Los niños juegan y se divierten mucho con él,no
dejan de acariciarlo y tocarlo,que es lo que más le gusta a él,lo
sacan a pasear muy a menudo,lo alimentan muy bien y hasta
incluso,duerme en la misma habitación que ellos.Serán los
momentos más felices en la corta existencia de nuestro querido
protagonista,que ya olvidó por completo a su antigua y verdadera
familia.
Al cabo de un mes en su nuevo hogar,es hora de ir a la clínica
veterinaria,para ponerle alguna vacuna y mirar que todo va bien y
esta sano y es que a Maldi,le encanta ir en el coche con su ama y
ver a otros seres como él.Todas las semanas se lo llevan de viaje
al campo,donde lo pasan en grande,todos juntos,paseando y sin el
ruido y el jaleo de la ciudad.La vida sigue para los cinco de la
familia con normalidad,pero inevitablemente,Maldi cada vez es más
grande y ha llegado el momento de ponerle una casita en el
patio,para que ya no esté tanto tiempo dentro de la casa,porque
ya ha roto "jugando",varios objetos,como cojines,zapatillas,etc,
porque no hay que olvidar,que sigue siendo muy juguetón y todo lo
que ve lo muerde.Una vez instalada la caseta,es hora de
estrenarla y por eso le meten mantas y cojines,para que Maldi,
esté a gusto y calentito,que todavía hace frío por las noches.El
pequeño de la familia,se ofrece voluntario para meterse con él un
buen rato y se acomode en su nuevo dormitorio,pero,¿cómo
reaccionará,cuando el niño salga y se quede solo?Pues mal,porque
cuando el cánido,ve que el niño sale de la caseta y lo deja
encerrado y solo en ese patio frío y oscuro,comienza a arañar la
puerta de entrada a la casa,intentando abrirla sin éxito y
también "llora",como lo hacen los canes,emitiendo un fuerte y
molesto aullido.

-¡Maldito perro,ya te dije que algún día nos daría problemas!Si
sigue así toda la noche,algún vecino vendrá quejándose-le dijo el
hombre muy enfadado a su mujer.
-Tranquilo,ya se cansará-respondió ella-.
-¡Esto pasa porque lo habéis malcriado!Si desde el primer día lo
hubiérais dejado en el patio por las noches,ya estaría
acostumbrado a estar solo.-Volvió a replicar él,con toda la razón
del mundo.
Es en ese mismo instante,cuando intervienen los pequeños,que
angustiados de escuchar los alaridos y quejidos de su amada
mascota,piden permiso a sus padres para turnarse durante la
noche y así hacerle compañía y que no esté solo.Y aunque a
ellos no les gusta la idea,saben que es la única
solución,para que Maldi se vaya acostumbrando a estar sin
nadie y solo,pero finalmente, deciden turnarse los
cuatro,durante varias noches y cada vez menos tiempo.Y así
lo hacen durante unas dos semanas,en las cuales Maldi,que es
joven y aprende rápido,se va dando cuenta de que cada vez
estará más tiempo solo,aunque eso no significa que ya no lo
quieran.
Una vez superado el problema de la soledad,todo vuelve a la
normalidad.Siguen los mimos y caricias que tanto le gustan a
nuestro amigo,los paseos diarios y al campo,etc.Todo parece
indicar que será así siempre y que Maldi vivirá feliz,hasta su
último día en este mundo.
Se aproxima el verano y las vacaciones,y la familia ya esta
planeando el viaje de este año,pero no habían contado con la
presencia del nuevo miembro,¿qué haran entonces?,¿se lo
llevarán con ellos?,¿o quizás este año no hagan ningún viaje?
-¿Que vamos a hacer con el perro si nos vamos de viaje?- pregunta
el marido.
-No te preocupes por eso,ya he hablado con la vecina que nos lo
dio,para que venga todos los días que estemos ▓▓▓ lo saque a
pasear dos veces al día y le eche comida.Pero▓▓▓ que darle una
llave,además de pagarle.-Respondió ella.
Por lo tanto,parece ser que no habrá problemas con este tema.Y
por fin,llegó ese día tan esperado por la familia,que estará
fuera 10 días,y en los que Maldi,estará al cuidado de la dueña de
su madre,de la cual ya ni se acuerda.
-Adiós Maldi,pórtate bien y no causes problemas,pronto
volveremos.-Y con esa frase,se despidieron de nuestro amigo.
Y así,a la mañana del día siguiente,la antigua dueña,tal y como
les prometió,vino para sacarlo de paseo.
-¡Cómo has crecido y qué grande estás ya!Veo que están cuidando muy
bien,¿a que sí?-dijo la mujer,confiada en que había hecho bien en
dárselo a esa familia.Ya por la noche,cuando la mujer vuelve para
darle el paseo nocturno,Maldi se extraña de que no sea su ama,pero
como es tan sociable,le da igual quién lo lleve de paseo,aunque
sabe que no es normal lo que está pasando.Al segundo día,vuelve la
misma mujer otra vez,¿pero por qué?,se pregunta Maldi algo
inquieto,es la hora del paseo y hay que darlo.Esa segunda noche,ya
no puede dormir pensando en sus amas y amos.¿Qué les pasa?,¿dónde

están?.Es el tercer día y la mujer nota que Maldi está
intranquilo,nervioso y ya no disfruta paseando,por eso mañana
vendrá con su mamá,a ver si se anima un poco.Llega el cuarto día y
tal y como pensó el día antes,se presenta con la mamá de Maldi y
los pasea a ambos y parece que su plan funciona,porque Maldi está
muy contento y no para de dar vueltas a su alrededor,aunque quizás
sea,porque la ha reconocido después de tanto tiempo.En el día
cinco,la mujer seguirá la misma estrategia de pasear juntos a la
madre y al hijo,pero hoy el problema es otro.En cuanto entra al
patio,se da cuenta de que Maldi no ha comido nada en el día
anterior,sigue con la misma comida que le echó ayer y como buena
cuidadora de animales que es,pronto saca la conclusión,de que si no
come,es porque está triste y hecha en falta a sus dueños.Ya por la
noche y tras el segundo paseo y comprobar que hoy tampoco ha comido
nada,la mujer llama por teléfono a la familia para informarles de
la situación,ya que acordaron que solo se pondrían en contacto,si
algo no iba bien,como en esta ocasión.
-Hola buenas noches,soy yo.Te llamo para decirte que el perro está
deprimido y lleva dos días sin comer y ahora mismo lo estoy oyendo
llorar-.
-Pues prueba a echarle otra clase de comida y si tienes que
llevarlo a la veterinaria hazlo.Nosotros no podemos ir hasta dentro
de 5 días.-Le contestaron desde otro lado del teléfono.
-De acuerdo,vere que puedo hacer,adiós.-Y la señora colgó,pensando
en la comida que le llevará mañana.Amanece un día más y Maldi ha
estado casi toda la noche aullando y dando vueltas por el patio sin
parar,preocupado por que hace varios días que no ve a su familia y
los echa de menos,quiere volver a ver a los niños y jugar con ellos
y que todo vuelva a ser como antes,pero otra vez ha venido la misma
mujer de los últimos días,dispuesta a pasearlo y a que coma algo y
para ello le ha traído una rica y deliciosa lata de comida para
perros.
-Mira lo que te he traído hoy¡Hum qué rico!Seguro que esto te gusta
más que el pienso.-Le dijo la confiada mujer,pensando que con el
hambre que debía tener,eso sí se lo comería,pero no fue así.Ya
cuando volvió por la noche a darle el segundo paseo,allí seguía la
comida intacta y éste ni siquiera quiere salir de paseo otra vez y
la mujer,después de varios intentos,estirándole de la correa para
hacerle caminar,cede en su empeño y se marcha fustrada,porque ya no
sirve la idea de llevarse a la madre con él.En el séptimo día,la
mujer no acude a visitar a nuestro desdichado amigo porque está
ausente,pero eso poco le importa a él,que lo único que quiere,es
que sus dueños vuelvan.Y pasamos a la noche del octavo día,en el
cual,la cuidadora,se apresura en ir a ver como se encuentra
Maldi,ya que está muy preocupada al no haber podido ir el día
anterior.¡Bravo!,parece que ya se ha comido,la comida de la lata
que le echó y también ha salido a pasear un buen rato,pero hoy el
problema ha sido otro;durante el paseo a recibido quejas de varias
vecinas,diciéndole que el can ha estado ladrando y aullando todo el
día y la noche anterior y no han podido dormir bien.Entonces,la
buena señora,después de disculparse y decirles que los verdaderos
dueños no están,ha decidido que se lo llevará a su casa con su

mamá,para que no esté tan solo,hasta que vuelva la familia.Y así pasaron los 2 días en los que Maldi estuvo más animado por estar acompañado.Y por fin, regresaron de sus vacaciones,¡qué alegría,qué gozada!,¡qué ganas tenía de verlos!.No para de saltar y brincar de la alegría que siente.Por otro lado,la cuidadora le explica a la dueña todo lo acontecido,dándole un consejo muy claro.
-No podéis dejarlo solo tanto tiempo.-Y dicho esto y con el agradecimiento por parte de la familia,por el favor tan inmenso que había realizado,ésta volvió a sus quehaceres.
Una vez superado el capítulo del viaje familiar,Maldi se siente de nuevo querido y feliz,pero eso no durará mucho.Unos meses más tarde,al padre le comunican que tendrá que trasladarse de ciudad una vez más,si quiere seguir con su trabajo,motivo por el que viven de alquiler y esto afecta a toda la familia,incluyendo ahora también a Maldi.Ajeno a los acontecimientos que están por suceder,nuestro inocente protagonista sigue disfrutando de los paseos y los mimos por parte,sobre todo de la madre y del pequeño,ya que la hija ya no se muestra tan cariñosa como antaño.Será por la edad,que ya piensa más en estar con las amigas que antes,cosa normal teniendo en cuenta,que es una preadolescen-te.Se aproxima el día de la mudanza y a pesar de que Maldi está a punto de cumplir su primer año de vida,ya ha crecido todo lo que tenía que crecer.Es un perro sano,alegre y fuerte,aunque es más grande de lo esperado y eso supondrá un obstáculo en la nueva etapa de la vida familiar.Y llego el día del cambio de vida,de hogar,de ciudad...para todos.
A partir de ahora,los personajes de esta aventura vivirán en una urbe aún más grande,con más ruido,más tráfico y contaminación,a mucha distancia del campo que tanto le gustaba a Maldi,porque podía correr libremente.Ahora tendrán que vivir en un pequeño piso,asignado por la empresa del padre,situado en la quinta planta de un moderno edificio.Mal asunto para los que tienen mascota y un motivo más,para que el marido le eche en cara a su mujer otra vez,haber adoptado al can,aunque de momento,el comentario no ha llegado a más.Pero también hay que dejar claro,que el padre ya buscó e hizo todo lo posible,por encontrar una vivienda adecuada a sus necesidades,sin ningún éxito.Dicho esto,la familia se adaptará lo mejor posible a su nuevo hogar,pero Maldi,como es lógico,es el que peor lleva el cambio,porque ahora tiene que vivir en un pequeñísimo balcón, donde hace más frío por la noche,pero más sol y calor por el día que en el patio donde estaba antes,además al estar en un quinto piso ya no lo sacan tanto a la calle.Van pasando lentamente los días y las semanas para nuestro pobre amiguito,que a pesar de que está muy bien alimentado y cuidado,está tristón,por que,va notando cómo se están olvidando de él,sobre todo la hija,que cada vez está más distante y ya es raro el día que se acerca a darle una caricia,como hacía,apenas unos meses antes.Y el hijo,tampoco pasa tanto tiempo jugando y estando con él,desde que se mudaron,porque está más centrado en hacer nuevos amigos aquí.La única que le presta algo de atención es la madre,que es la que se encarga de sacarlo a la calle de vez en cuando,mientras que el padre pasa olímpicamente de él.Un día en pleno invierno,en el que hacía mucho frío y estaba

lloviendo,decidieron que era mejor que estuviera dentro del piso con ellos,para que no se moje y esté calentito,cosa que Maldi estaba deseando,porque era una oportunidad magnífica,para conseguir ese cariño que tanto ansiaba y quería estar cerca de los niños para que jugaran con él,objetivo que logró durante unos minutos,hasta que lo sustituyeron por el ordenador y la consola.¿Qué os pasa?,¿porqué ya no me hacéis caso?,se preguntaría Maldi,extrañado de que ya no le prestaran atención.Entonces,en un intento desesperado de recuperar las caricias,mimos y la diversión que le estaban dando tan solo unos segundos atrás,hizo algo que nadie se esperaba.Dio un salto y se subió a la mesa,donde tenían el ordenador y la videoconsola y todo cayó al suelo provocando,lógicamente el enfado de los críos.
-¡Maldito chucho,mira lo que has hecho,largo de aquí!-exclamaron muy furiosos y de una patada,lo echaron de esa habitación.Menos mal,que la madre,a pesar del disgusto que tomó porque se habían roto los aparatos,permitió que estuviera con ella el resto del día,aunque este acontecimiento,supondrá el declive de la relación de Maldi con la familia.Pasada una temporada,nuestro amigo,sigue viviendo su día a día como buenamente puede,metido en su caseta de ese pequeño balcón,ya que ahora,excepcionalmente lo dejan entrar al piso desde que hizo aquello,esperando a que lo saquen de paseo,que es el único momento del día en el que todavía se siente a gusto.Pero incluso eso,iba a empeorar,porque cuando a la madre le ofrecen un trabajo,que la mantendrá fuera casi todo el día,será el hijo,el que se encargue de pasearlo,pero éste,apenas lo saca el tiempo justo para que haga sus necesidades.Maldi,hace tiempo que dejó de ser el rey de la casa,ahora más bien,es un estorbo.En resumen,si antes cuando vivían en la otra casa lo sacaban a pasear dos o tres veces al día y una hora o más,ahora lo sacan unos 10 minutos escasos solamente y precisamente,esta situación,complicará aún más las cosas para el desgraciado Maldi.
Un buen día,le dieron al perro un brick de leche que se les había echado a perder y Maldi que es un glotón y se come todo lo que le echan,se la bebió enseguida,perjudicándolo,(aunque ellos no lo hicieron con esa intención)y precisamente,ese día,que era cuando más necesitaba Maldi salir a la calle,por lo mal que le sentó esa leche en mal estado,el hijo no pudo sacarlo de paseo a la hora que lo hacía normalmente y como tuvo que hacerlo,varias horas después,en cuanto el pequeño abrió la puerta del piso y antes de que le pusiera el collar,el cánido,que ya no aguantaba más,salió disparado a hacer sus necesidades por los pasillos y escaleras del edificio y justo delante de varios residentes y vecinas del mismo.¡Madre mía que panorama!.Personas riñéndole al niño,el padre,que llegó justo en ese momento del trabajo,avergonzado y pidiendo disculpas,pasillos y escaleras manchadas de orina y excrementos líquidos y un perro,que estará castigado en el balcón sin poder salir de allí,durante varios días.No hace falta decir,que esta anécdota,provocó una fuerte discusión entre el matrimonio,cuando la madre llegó.Nuestro amigo,cada vez está más solo;el padre nunca lo quiso,la hija no le perdona que le hubiera roto el ordenador y la consola y ahora el hijo,tampoco quiere saber nada de él,por la humillación y vergüenza que le hizo pasar aquel día,ya solo le queda el cariño de la

madre.De hecho y siendo consciente de que nadie quería encargarse
del perro,ésta hizo un pacto con el resto de su familia:ella se
encargaría de todos los cuidados del animal,mientras vivan ahí,a
cambio de que los otros tres,se encarguen de las tareas domésticas y
la comida.   Trato,que todos aceptaron de buena gana e hizo que
los ánimos se calmaran durante algún tiempo.Pocas semanas después,la
familia recibe una invitación para ir un fin de semana,a la boda de
unos parientes muy cercanos,que los mantendrá fuera un par de días y
como no estarán ausentes mucho tiempo,han decidido dejar a Maldi en
su balcón,con bastante comida y agua para esos dos días.
Finalmente,cuando llegó el día de irse y después de darle un largo
paseo,la madre llevó a Maldi al balcón y cuando se aseguró de
dejarle suficiente comida y agua,le dio un abrazo y se marchó,pero
con las prisas y los nervios por tener que irse,   cometió sin
querer un error;no cerró del todo la puerta corredera del
balcón,quedándose un poco abierta,lo suficiente para que Maldi,que
es muy listo y sabe cómo abrirla,meta una pata y la abra del
todo.¡Ya tenía un piso entero para el solo!.Y no podemos olvidar,que
aún es un perro muy juguetón y travieso.Por eso, empezó a subirse a
las camas y los sofás,a morder y romper cojines para jugar,a orinar
por cualquier sitio...y a ladrar cada vez que escuchaba a la gente
andar por los pasillos y así paso los casi dos días que estuvo
solo.Y llegó la familia,¡qué desastre!.Se encontraron la cama del
matrimonio desecha,con las sábanas y la almohada por el suelo,varios
cojines del sofá totalmente rotos y desechos,el propio sofá manchado
y sucio,   además de una peste a orina y excrementos por todo el
piso.
-¡Maldito perro y maldito el día que lo trajiste!-exclamó muy
furioso el padre,que ya estaba harto del animal.Esta vez Maldi se
había pasado de la raya.Pero hay no quedó la cosa,porque para
colmo,al rato de llegar ellos,vino una vecina a quejarse de que
había estado ladrando casi todo el día.Entonces,todos culparon a la
madre,por no haber cerrado bien la puerta del balcón,que acabó
llorando por la situación.Pero,una vez pasado el momento de las
discusiones,los gritos y el enfado general,como una familia unida
que era,todos se pusieron manos a la obra para limpiar y ordenar la
casa momentáneamente.¿Y qué pasó con Maldi?.Pues aparentemente
nada.Volvió a su casita del balcón.Y después de pasar varias horas
limpiando,el piso volvió a estar como nuevo y las aguas volvieron a
su cauce.
Han pasado unos días desde la última "travesura" de Maldi y
aparentemente todo ha vuelto a la normalidad:la mujer sigue cuidando
al perro,mientras que los demás se ocupan de la casa tal y como
acordaron.Pero en realidad,hay mucha tensión en el ambiente
familiar,porque muchas veces,tienen que pedir la comida en
restaurantes o bares,ya que ni la hija ni el padre,tienen demasiada
experiencia culinaria,otras veces,la madre les reprocha al resto de
que no hacen bien las tareas domésticas y por unas cosas u otras,las
discusiones se han convertido en algo habitual. Pocas semanas
después,Maldi comienza a comportarse de una manera extraña:ladra más
de lo normal y no para de dar vueltas por el balcón y algunas
veces,está parado a dos patas y apoyado a la barandilla del

mismo,mirando hacia la calle,como si quisiera saltar.¿Que le
pasará?.Y sin embargo,cuando la madre lo saca de paseo no hace nada
raro.Lleva así dos días y el vecino gruñón(y que todos conocemos
alguno),ya ha venido a decir,que el perro no le deja dormir por los
ladridos,motivo por el cuál,el padre vuelve a enfadarse con su
mujer.
-¡Maldito chucho,desde que estamos aquí no deja de dar problemas!-le
dijo.Entonces,ella le pidió a sus hijos que cuando vinieran del
colegio,vigilaran al perro a ver hacia dónde miraba cuando se ponía
de pie y a ver si veían algo fuera de lo normal en esa dirección.Y
pronto descubrieron la razón de ese comportamiento;resulta que en un
edificio de enfrente hay una perrita,también en un balcón de un
piso,que es de una familia recién instalada y Maldi,está así,porque
quiere estar con ella y cuando llegó la madre de trabajar,se lo
dijeron.
-¿Ahora que vamos a hacer para que no la vea más?-preguntó el hijo.
-¡Hay que encontrar una solución rápido!-dijo la hija.
-Pues ya sé,que hay que hacer para que no pueda verla y deje de
ladrar.Tenemos que tapar el balcón con cartones o plástico.-
respondió la madre.Y así lo hicieron,aunque para ello tuvieron que
rebuscar en los contenedores del reciclaje y recoger todo lo que
sirviera para tapar el balcón,hasta la altura en la que el can ya no
pudiera ver nada.Menos mal,que el balcón era muy pequeño y en un par
de horas lo hicieron entre los tres.Pero eso sí,había que revisarlo
cada dos o tres días,porque se rompía por la lluvia y la humedad o
por que Maldi,lo podía romper con las uñas.Mientras tanto,el padre
proponía otro remedio más drástico;deshacerse del animal y es que
cada vez estaba más asqueado de él.
-¿Por qué no lo llevamos a la perrera o se lo damos a alguien?-
decía.
-¡Delante de mí,no te se ocurra decir eso ni en broma!-le reprochó
su mujer muy seria.Y es que el hombre estaba malhumorado e
irritado,porque echaba de menos la atención y las ricas comidas de
su esposa y ni él,ni su hija,sabían cocinar tan bien como ella,por
eso le propuso un trato:que 2 días entre semana,cocinara ella o
dejara comida preparada para el día siguiente,cuando venga del
trabajo y él se encargaría de sacar al perro en su lugar,ya que
prefiere que sus hijos,estén concentrados en sus estudios y
deberes,algo que a la mujer le sorprendio,ya que él,no quería al
perro y no lo había paseado nunca,pero ella aceptó,porque tampoco
quería que encargaran comida a domicilio,cuando a ellos no le salía
bien y además,era una ocasión estupenda,para ver si así,el marido le
cogía algo de cariño al perrico.Pero primero,ella tendría que irse
con él,en el primer paseo,para decirle por dónde tiene que llevarlo
y darle algunos consejos y así lo hicieron. Poco a poco,el hombre se
fue dando cuenta de que no es tan fácil esa tarea,ya que hay que
estar muy pendiente del animal en todo momento y vigilar cuando y
donde hace sus necesidades,algo que al marido le da mucho asco
recoger,por eso si está en un sitio como el parque y no hay gente o
está algo escondido,las deja ahí,sin cogerlas,hasta que un
día,cuando cree que nadie lo ve,le llamaron la atención.Esta vez,es
solo una advertencia,pero a la próxima,le podrían multar.El

padre,cada vez le está cogiendo mas manía al pobre Maldi,aunque de
momento lo disimulará por respeto a su esposa.Y así van pasando los
días y las semanas,con algún altercado de vez en cuando,relacionado
siempre con el can;algún día,porque se ha pasado mucho tiempo
ladrando y molestando al vecindario,otros porque hace sus "cosas" en
cada esquina de las calles o en el portal de algún edificio o
casa,etc...Lo típico de cualquier mascota.Pero de momento,Maldi
puede estar tranquilo porque todo se lo perdonan.
Llegados a este punto,hagamos un breve resumen del entorno
familiar:el hijo y la hija,ya se han olvidado prácticamente de que
conviven con él,al padre le ocurre justo lo contrario, siempre está
"acordandose" del "dichoso perro" y del día que entró en sus
vidas,aunque sabe que no le queda más remedio que aguantarse y la
madre,es la que piensa en todos y solo quiere que todos estén lo
mejor posible,tanto su familia como el can.
Dicho esto,se acerca el verano un año más,pero este año no se irán a
ningun sitio,porque no quieren,ni pueden dejar a Maldi con
nadie,como el año anterior,pero si que han planeado irse algunos
días,cuando tengan vacaciones,a una casa de campo alquilada con el
perro.Pero por caprichos del destino,la familia recibe dos noticias
en pocos días,una muy buena y otra malísima y que curiosamente,ambas
afectarán negativamente a nuestro protagonista.La mala noticia,es
que la abuela materna se ha puesto gravemente enferma y ahora su
hija tendrá que irse todos los fines de semana a cuidarla y eso
significa que ya no podrá ocuparse de Maldi esos
días,responsabilidad que recaerá en los otros miembros de la
familia,cosa que complicará aún más,la relación de éstos con el
animal.Y la noticia buena,es que les ha tocado un buen premio en la
lotería,dinero que emplearán finalmente,en hacer ese viaje al
extranjero con el que tanto habían soñado,si las circunstancias lo
permiten y la salud de la abuela mejora,por que,ya podrían pagarle a
una protectora de animales el cuidado y estancia de Maldi,durante
todo el tiempo que estuvieran fuera y por lo tanto,ya pueden
descartar la idea inicial de alquilar la casa de campo.
Pero volvamos al presente,porque llega primer fin de semana que la
madre estará ausente.
-Espero que lo tratéis bien y lo saquéis al menos,media hora-les
dijo la madre,con cierta incertidumbre antes de irse.¿Quién será el
primero en sacarlo de paseo?,y es que en realidad,ninguno de los
tres quiere,pero alguien tendrá que hacerlo y por eso lo echan a
suertes.Esta primera vez,le ha tocado al padre,que es quién ya lo
estaba sacando 2 días a la semana,por el trato que hizo con su mujer
tiempo atrás,a cambio de que está hiciera la comida.Y pasó esta
primera ausencia de la madre,sin mayores sobresaltos.A la siguiente
semana,le tocó pasearlo a la hija,que desde que se mudaron a esta
nueva ciudad no lo había paseado nunca y además,todavía le guardaba
rencor por haberle roto el ordenador(aunque que ya tenía otro),aquel
día que saltó sobre la mesa.Pero ésta,cuando llegó su madre,le dijo
que ya no lo pasearía más,porque le había hecho pasar mucha
vergüenza delante de sus amigas,ya que había defecado delante de
ellas y se rieron

del perro.Y sólo por este motivo,ahora la hija también le reprochaba a su madre de que tuvieran al perro.Pero el tiempo sigue pasando y a la tercera semana,le llegó el turno al hijo,que tampoco lo había vuelto a pasear,desde aquella vez que ensució los pasillos y escaleras del edificio.Y con éste,el primer día fue normal,pero al segundo día si tuvo un problemilla y es que en un descuido,el perro se le escapó,porque había visto a la perrita que vivía enfrente de ellos,cruzó la calle y casi provoca un accidente,pero por suerte,el chico pudo atraparlo rápidamente y todo quedó en un susto.Pero este incidente,decidieron no contárselo a la madre,quedaría en secreto entre ellos tres.Y así pasaban las semanas,turnandose el padre y el hijo,ya que la hija no quería saber nada más del "maldito chucho" o al menos,eso es lo que le hacían creer a la inocente mujer,porque la realidad era bien distinta.Y es que cuando,el muchacho le contó al padre el susto que tuvo y viendo que la hija ya no quería sacarlo más,para evitar problemas mayores,acordaron no pasearlo más y mantener a la madre engañada,pero para ello,tendrían que limpiar el balcón de las heces,antes de que la sufrida mujer llegara,para que así no sospechara nada.¡Si el pobre perro hablara!.Se siente muy solo y abandonado,allí encerrado en el balcón los dos días enteros, echa mucho de menos a su querida ama,ella sí que lo sacaba a pasear bastante tiempo y a diario,sin prisas y sin estirones como los que le da el hombre.Se aproximan las vacaciones y la abuela por fortuna,ha mejorado y eso hace que,como ya planearon,al tener el dinero suficiente,puedan hacer ese deseado viaje al extranjero de dos semanas y por eso,se afanan en buscar a la protectora o refugio donde dejarán a Maldi esos 15 días.Todo parece indicar que este año Maldi estará mejor que el año pasado,ya que no estará solo y habran muchos más animales con él.Y encuentran una muy cerca de donde viven,a unas pocas manzanas,en plena ciudad,con buena fama y donde tienen a los canes encerrados individualmente,uno en cada jaula,pero los sacan de paseo 2 o 3 veces al día.La familia estaba ansiosa porque llegara el día del soñado viaje,todo estaba listo y preparado(los billetes,las reservas...),ya solo falta que les dén las merecidas vacaciones al matrimonio.Y por fin llegó ese día,cargaron las maletas y el equipaje y después de darle un largo paseo a Maldi,lo suben al coche para llevarlo al refugio donde pasará todo ese tiempo. Cuando llegan al lugar y tras el correspondiente pago,la familia o mejor dicho la madre,se despide del animal,dándole un fuerte abrazo y aunque estaba un poco triste,sabe que se puede ir tranquila porque estará en buenas manos y lo cuidarán muy bien,ya que entre el personal hay veterinarias,cuidadoras profesionales,etc y son gente muy preparada.En ese sitio,hay muchos perros y perras y algún gato también,aunque éstos,están alojados aparte en otra sección,como es normal.Aquí solo cuidan temporalmente y previo pago,a mascotas de la gente que por cualquier motivo,no pueden hacerse cargo de ellas,pero no recogen ni quieren,animales abandonados como en las perreras.Tienen a los canes,encerrados individualmente en grandes jaulas,para que no se puedan pelear entre ellos;los sacan a pasear,al menos dos veces al día y en pareja,siempre que sea posible y los animales se lleven bien,para ahorrar tiempo y no tener que

sacarlos de uno en uno;la mayoría de los cánidos que hay,son perros
o perras de tamaño mediano o grande y eso es debido,a que los de
clase pequeña,la gente,sí se los puede llevar de viaje,al ocupar
menos espacio.A nuestro amigo,lo meten en su jaula correspondiente,
donde ya tiene su comida y agua pero,¿aguantará Maldi tanto tiempo
allí?,¿como se comportará?,pronto lo sabremos.
Al principio,está asustado de ver a tanto perro allí ladrándole,(es
como en las cárceles de las películas,cuando llega un preso nuevo y
los demás lo increpan e insultan)y tampoco quiere comer ni
pasearse.Está igual que hace un año,cuando lo dejaron solo en el
patio y a pesar de que aquí,está viendo a otros como él y hay gente
y luz las 24 horas del día,está triste y deprimido,acostado en un
rincón,en silencio y sin moverse en todo el día.Preferiría estar en
la casita de su balcón,aunque sea más pequeño que la jaula donde
está y con sus dueñas cerca.Hace ya 3 días que la familia se fue de
vacaciones y dejaron a Maldi aquí,tiempo en el cuál,ha permanecido
prácticamente inmóvil y sin comer,pero esta situación,no es nueva
para las trabajadoras del centro,porque ya han visto a muchos perros
en ese mismo estado,sobre todo en los primeros días y saben que la
mejor solución para que no esté tan triste y solo es darle un
compañero.Buscarán a otro can,con características parecidas en
tamaño y peso a él,para que le haga compañía.Y el candidato
elegido,es un perro "veterano" del lugar,ya que su dueña es una
mujer de negocios,que casi siempre está de viaje y como no tiene
quién se lo cuide,lo metió aquí,pero que cada que viene se lo lleva
con ella.Una vez decidido,que ese es el mejor candidato para estar
con Maldi,se lo llevan a su jaula y lo meten con él,para ver si se
van a llevar bien o no y es entonces cuando Maldi,que estaba
acurrucado en un rincón,se levanta con cierto temor,para ver quien
es ese "intruso" y hacerle un "reconocimiento",olfateándolo,como
hacen normalmente los perros, cuando se ven por primera vez.Después
de olerlo y de dar un par de vueltas alrededor de él,Maldi empieza a
mover el rabo,era como si estuviera contento,pero cuando ve,que el
otro se acerca lentamente hacia su comida,Maldi le da un rugido y se
tira rápidamente a comerse como un loco,esa comida,que no se había
comido en esos tres días antes.Parece ser,que el plan del
"compañero",como así lo llaman las trabajadoras del centro,ha vuelto
a dar buen resultado y es que después de comerse toda la
comida,Maldi comienza a juguetear con su nuevo amiguito,con el que
sí,que parece que se llevará muy bien.Y así,al día siguiente y
viendo que Maldi está más animado,gracias a su nuevo compañero,las
trabajadoras deciden,que es hora de comprobar si quiere salir de
paseo,por primera vez desde que está allí y efectivamente,por fin
sale y con muchas ganas,por eso se lo llevarán junto con su
amiguito,a un parque próximo al recinto,donde suelen pasearlos a
todos frecuentemente.Tras ese primer paseo,que por cierto,ha sido
bastante duradero y divertido para nuestros dos amigos,vuelven a
encerrarlos juntos en la jaula de Maldi,hasta que mañana los vuelvan
a sacar otra vez.Van transcurriendo los días y a nuestro
protagonista lo están tratando de maravilla,paseándolo varias veces
al día,junto a su amigo con el que no para de jugar,también está
bien alimentado y aseado y es que hacía mucho tiempo,que no se le

veía tan feliz.Parece ser,que ya no echa de menos a la
familia,aunque todo está a punto de cambiar para siempre.
Es el noveno día de la estancia de Maldi en la protectora y sigue
con su amigo,que imita todo lo que él hace;si Maldi ladra,él
también,cuando va para un lado,él va detrás...Parece su sombra.Llega
la hora del primer paseo y como siempre,la persona que los pasea,les
pone sus correspondientes correas y los saca a la calle,pero hoy,los
llevará a otro parque-jardín,cercano al edificio donde vive Maldi
con la familia.A medida que van caminando y atravesando calles muy
transitadas,Maldi va reconociendo algunos lugares y de pronto,ve
alguien que ya a visto antes,es la perrita que vive enfrente de
él,que también se esta paseando con su dueña y entonces Maldi,que
quiere acercarse a ella,va en su dirección,pero la paseadora,no deja
que vaya hacia ella y le estira de la correa para ir al jardín,que
es su objetivo.Una vez que han llegado al parque,la paseadora que
tiene sobrepeso y está cansada de la caminata,opta por soltarlos un
rato,mientras ella descansa sentada en un banco,confiada de que,como
ha hecho en otras muchas ocasiones,los perros no se saldrán del
vallado en donde los ha soltado,ya que es un sitio preparado
especialmente,para que los canes puedan estar sueltos.Pero esta
vez,la estrategia le sale mal,porque Maldi,que no ha perdido de
vista a la perrita,a pesar de que está muy lejos ya,aprovecha esa
oportunidad para saltar la valla,que no mide ni un metro de alto y
sale corriendo hacia ella,atravesando todo el jardín y cruzando las
calles por las que van los coches, provocando varios choques y la
caída de un motorista,además de un ataque de nervios a la dueña de
la perrita,al ver como se acercaban los dos perros hacia ella,porque
hay que decir,que el amigo de Maldi venía también detrás de él.¡Dios
mío que desastre!
La pobre paseadora,que no ha podido pillarlos a tiempo ni impedir
que cruzen las calles,llega al lugar agotada y llorando,porque se
siente culpable de lo sucedido,y aunque los animales están bien los
tres,no se puede decir lo mismo del motorista y de los
conductores.El primero,se ha roto una pierna y de los segundos,hay
alguno con fracturas y lesiones poco graves.Llegan las ambulancias y
la policía,para atender a los heridos y tomar declaraciones a los
testigos del lío que se ha montado,para depurar
responsabilidades.Por supuesto,habrá que informar a las dueñas de
los canes,de todo lo acontecido,porque tendrán que rellenar algunos
formularios y papeles para poder indemnizar a las víctimas.Y cuando
localizan a la familia,que esta en el extranjero y le cuentan lo
ocurrido,le dicen que tendrán que suspender sus vacaciones,o venir
un miembro,que sea mayor de edad para aclarar el papeleo
urgentemente.Este hecho provocará otra fuerte discusión entre el
matrimonio.
-¡Mira,por culpa de tu perro,nos van a estropear estas
vacaciones!,¡sólo nos trae problemas!,ni estando vigilado podemos
estar tranquilos.Pues ahora te vas a ir tú sola,que este viaje ya
está pagado y no admiten devoluciones-.Le dijo encolerizado el
hombre a la mujer,que ya estaba muy nerviosa,pensando que
consecuencias podría tener para el animal,el incidente que había
provocado.

-¡Sí ya lo sé!,no hace falta que me chilles.Me iré en el primer
vuelo que salga-.Le respondió ella,también muy alterada.A todo esto
y viendo como discutían,la hija dijo.
-¡Pues yo no dejaré que la mamá se vaya sola!,es un viaje muy largo
y yo también me iré con ella-.Comentó muy convencida,a pesar de que
estaba disfrutando mucho del viaje,por que estaba muy unida a su
madre y no quería que ésta se fuera sola,por si le pasaba algo.Pero
el padre no quería que se marchara,porque aún le quedaban cinco días
de estancia en el hotel y si se iban perderían el dinero de esos
días,por eso él,se quedará con el hijo,para aprovechar al máximo ese
dinero invertido.
Y así lo hicieron,al día siguiente ellas dos,cogieron el primer
vuelo hacia casa y después de un largo viaje,cuando llegaron a su
destino,cogieron un taxi para ir directamente,al refugio donde
estaba Maldi,firmaron los papeles correspondientes y se lo llevaron
de vuelta al piso.
-¡Menudo lío has montado!,pero me alegro de que estés bien.- Le dijo
la ama a su mascota,mientras le daba un fuerte abrazo.
Dos días después y antes de lo previsto,regresaron el padre y el
hijo,que a pesar,de que aún le quedaban otros 2 días más de estancia
en el hotel,ya no estaban a gusto,pensando en lo que estaba pasando
aquí.Por lo tanto,aunque les había interrumpido las vacaciones y
había tenido que pagar una multa,por los daños ocasionados,la mujer
todavía seguía queriendo a Maldi,cosa que no ocurre con los otros
3,que cada vez le están cogiendo más manía y odio,sobre todo el
padre,que ya no va a consentir ni una trastada más.Y con este
panorama y mientras no vuelva al trabajo,la mujer puede estar
pendiente de él casi todo el día,pero pronto se acaba el periodo
vacacional y la familia vuelve a la rutina;los hijos al colegio y
los cónyuges al trabajo y eso significa que Maldi, estará otra vez
encerrado en su balcón y solo,casi todo el día,esperando a que lo
saquen un rato de paseo,tarea,que ya solo hace la madre,porque ve
como sus hijos se están posicionando con el padre y no les quiere
decir ya,nada relacionado con el perro,pero eso sí,ellos seguirán
haciendo las tareas domésticas y la comida,excepto los días en los
que ella no trabaje.
Un tranquilo domingo,que son los mejores días para Maldi,por que
es,cuando su ama no trabaja y lo puede sacar dos o tres veces a la
calle,sucede algo que marcará su futuro.Y es que por casualidades
del destino,el marido salió a tomarse algo a un bar,como ha hecho en
tantas ocasiones y pasó por el parque donde habitualmente va su
esposa con el perro y de casualidad,la vio de lejos,hablando y
riéndose con otro hombre,que también estaba paseando a su
mascota.Entonces,el marido decide vigilarlos desde la distancia,para
que no lo vean y los sigue en su ruta,hasta que finalmente,se
despiden en el portal del edificio,donde vive él,que está al lado
del suyo.En cuánto la mujer se queda sola,el marido se acerca hacia
ella rápidamente,para preguntarle quién era ese.
-¿Quién era ese tipo?,os he visto desde que veníais del jardín.-
-Es solo un amigo que conocí hace tiempo,porque coincidimos muchas
veces paseando a los animales.¿No estarás pensando que estoy con
él?.-Contestó ella.

-Pues parece,que sí te lo pasas muy bien-le volvió a decir él,algo
mosqueado.
-¿No estarás celoso?.Vamos a la casa ya.-Dijo ella,tratando de que
se calmara y olvidara el asunto,aunque a él,no le convencieron esas
explicaciones y siguieron discutiendo un buen rato más.Pero este
simple hecho sin importancia,hará que el marido,a partir de
ahora,esté más alerta,de cuando sale la mujer y si puede la
observará y eso conllevará,a que vea más veces al tipo ese y cuánto
más veces lo vea,peor para él,porque se imaginará cosas,que en
realidad no ocurren.
[Hagamos este paréntesis,para explicar que al padre,le está
invadiendo uno de los peores sentimientos de los seres humanos,los
celos y quién los padece,si no los controla,les puede conducir a la
locura].
Volviendo a la historia,hay que decir que está llegando el frío
invierno y hay noches y días en los que Maldi "llora" mucho,bien
porque se siente solo,o tiene frío,o porque oye ladrar a otros...y
es que ahora,se acuerda de los días felices que pasó en el
refugio,con los demás compañeros y para colmo,al padre le cambiarán
el turno de trabajo a la noche,para sustituir durante unos meses a
un compañero que estará de baja.Una mala combinación si tenemos en
cuenta,que ahora tendrá que dormir o descansar por el día,algo muy
difícil,en una ciudad tan ruidosa y que hará más irritable al
hombre.
A partir de ahora,habrá que cambiar algunas costumbres,como por
ejemplo,no ver la tele con mucha voz o poner los electrodomésticos
que hagan ruido de noche,cuando se vaya el padre,etc.Pero lo malo,es
que cuando los niños se van al colegio y la madre al trabajo,Maldi
se queda solo con el padre y si a éste le da por ladrar,molesta al
hombre,por eso cuando vea que no se calla,lo meterá al piso,en
contra de su voluntad,porque es la única forma de que esté
callado,según le ha dicho su mujer,pero lo normal es que esté en
silencio y tranquilo.Aunque hoy es uno de esos días en los que
ladra.
-Maldito,¿porque ladras?.Si tienes el balcón tapado con cartones y
no puedes ver a nadie,¡callate ya!y dejame descansar.-Le decía el
hombre,malhumorado al can,que seguía ladrando porque estaba
escuchando maullidos de algún gato y viendo que no se callaba,hizo
lo que le aconsejó su esposa y le abrió la puerta del balcón,para
que estubiera en el salón,a ver si era verdad eso.
-¡Quieto aquí y no rompas ni manches nada!-le advirtió con tono
amenazador.Y allí estuvo silencioso y acostado en la alfombra del
salón,hasta que llegaron los hijos del cole,ya por la tarde y
descubrieron que se había meado y cagado en una esquina.
-¡Que asco!,hay que limpiar esto y volver a encerrarlo en el
balcón.-Le ordenó la hija al hermano,mientras le daba una patada
para que volviera allí.Unas horas después,cuando llegó la madre,se
lo dijeron y ésta,le restó importancia al hecho,pero para el padre
que ya se había levantado,si que era otro motivo de discusión.
-¿Que es más importante para tí,dormir o tener que limpiar un
poco?.Si por un día a la semana que pase esto,no va a pasar nada.-Le
dijo la mujer,harta de que el hombre,siempre estuviera cabreado con

el pobre animal y éste ya se calló y se fue,mientras ella,también se
marchó a pasearlo,como siempre.
Esta nueva situación,afecta negativamente al hombre,que no termina
de adaptarse a su nuevo horario de trabajo,le cuesta mucho dormir
por el día,se le está agotando la paciencia con el "chucho",no se le
va de la cabeza,lo de su esposa con el tío del edificio de al lado y
cada vez.está más irritado y paranoico. Llega otra noche más y
cuando el hombre se va para el trabajo,se encuentra en la entrada
del edificio,al supuesto amigo de su mujer.
-Buenas noches,su esposa me ha hablado mucho de usted.La verdad es
que tiene mucha suerte de tener a una mujer así,es muy simpática y
guapa.-Le dice éste al marido,sin ninguna maldad.
-A sí,¿y qué haces aquí,en la puerta de mi edificio?.-Le
preguntó.conteniéndose la rabia que sentía.
-Voy a subir a ver a una amiga.-Le contestó éste,inocentemente, sin
pensar que estas palabras,podrían hacerle daño,y es que hay que llevar
mucho cuidado,con lo que se le dice a una persona,con una mente cada
vez más inestable.Pero hoy,no habrá consecuencias y el marido se fue
sin más,al trabajo,pero cuando volvió a la mañana siguiente,le recordó
a su mujer,el encuentro que tuvo anoche con su amiguito,comentario que
desembocó,en otra fuerte discusión.Han pasado solo dos semanas,desde
que al hombre le cambiaron el turno,aunque para él,es como si llevara 2
meses ya y aunque Maldi se ha portado relativamente bien,porque ha
estado dentro de la casita que tiene en el balcón,menos 3 días,que lo
ha metido en el piso porque ladraba,en los que hacía mucho frío y
llovía,para el padre,es la causa de todos sus problemas y es que ha
tenido que "limpiar sus cosas"esos días.Tras unas jornadas de cierta
calma en la pareja,vuelven los enfrentamientos cuando a la mujer,se le
quemó la cena que estaba preparando para esa noche, porque mientras la
puso en el fuego,se fue a sacar a Maldi y se entretuvo demasiado,pero
menos mal que aunque,los niños no habían llegado aún,el padre,que
estaba durmiendo para irse a trabajar después de cenar,se despertó por
el fuerte olor a quemado y fue él quien lo apagó,pero ya estaba todo
chamuscado.
-¿Que pasa,que cuando te vas con el perro pierdes la noción del
tiempo,o es que tu "amiguito" te ha entretenido?.-le espetó el hombre a
ella,nada más entrar por la puerta y es que resulta,que no era la
primera vez que le pasaba esto.
-¡Hay que ver,que insoportable estas últimamente!.No quiero discutir
más,ya comeremos otra cosa-le gritó ella,mientras metía a Maldi en el
balcón.Y tras esta nueva bronca,el padre comió algo y se fue al
trabajo,pensando en que a su mujer,le importaba más el perro que él.Se
acaba otra tensa semana y la abuela vuelve a recaer.La mujer,tendrá que
volver a irse los fines de semana,pero esta vez,se llevará a Maldi con
ella,porque ya no se fía de dejarlo solo con su propia familia.Dicho y
echo y cuando la mujer se fue con el perro,el padre,que tampoco
trabajaba ese fin de semana,aprovechará la oportunidad,para hacer una
escapada con los niños esos dos días,pero sin decírselo a ella y por
eso,cuando la mujer volvió de cuidar a su madre y vio que no había
nadie en casa,se asustó y cuando estos llegaron una hora después,se
montó otro follón.

-¿Donde habéis estado?,¿que horas son estas de venir?.-les preguntó la
madre muy alterada.
-Nos hemos ido de viaje por ahí y lo hemos pasado muy bien los tres
juntos.-contestó el.
-Pues me parece muy mal,porque yo tengo que estar con mi trabajo, con
el perro,con mi madre que está muy enferma...¡me parece una falta de
respeto por vuestra parte hacia mí,que estéis divirtiéndose,mientras yo
lo estoy pasando mal!-les gritó ella a los tres.
-No exageres las cosas mamá.Recuerda que por culpa del perro, tuvimos
que interrumpir las vacaciones.-Le dijo la niña,dándole la razón a su
progenitor,cosa que hizo,que la madre se enfade aún más y siguieran
discutiendo un buen rato,hasta que cada uno se fue para una
habitación.Y así se pasó otra semana más,sin apenas hablarse el
matrimonio,solo lo justo y necesario para no discutir,durmiendo
separados,pero para el marido,había un claro culpable de todo
esto:Maldi.
Se acerca otro fin de semana,en el que la mujer,volverá a irse con su
mascota a cuidar a su madre,pero esta vez,el padre se quedará en
casa,durmiendo todo lo que pueda,porque esta semana, casi no ha podido
dormir ningun día,por las obras y el ruido que estan haciendo en la
calle y cuando por fin lo lograba,el maldito "chucho" ladraba por algo
y lo volvía a despertar y es que al hombre,se le está agotando la
paciencia con el animal.
Llega la noche del domingo y la mujer todavía no ha vuelto,¡que raro!Es
entonces,cuando llama ella por teléfono,diciendo que ha tenido un
accidente con el coche,al volver a casa.Está bien,pero al parecer,se ha
despistado o distraído y ha chocado con un poste,destrozando el morro
del automóvil,pero como llevaba puesto el cinturón de seguridad no le
ha pasado nada,salvo una pequeña brecha en la cabeza y Maldi tampoco ha
sufrido daños importantes. La ambulancia la traslada a su hogar junto
con el can,mientras que el coche se lo llevó la grúa al taller.
-¿Que te ha pasado?,¿estas bien?-le preguntaron muy preocupados los
tres.
-Sí,solo me han dado unos puntos en la cabeza,pero si podré ir al
trabajo mañana,no os preocupéis.-Contestó ella,dándoles un abrazo a
todos.Aunque el padre,tenía su propia versión de lo ocurrido y como no
podía ser de otra manera,le echaba la culpa al perro, porque estaba
convencido de que fue él,quién le produjo esa distracción,ya que una
vez,ella le contó hace tiempo,que una de las veces que lo llevó a la
clínica veterinaria,Maldi intentó saltar por la ventana y casi se
estrellan.Pero hoy no le dirá nada sobre eso,bastante tiene con el
disgusto que ha traído.
Ahora,mientras tengan el coche roto,él,que tiene el trabajo más
cerca,se irá en autobús,porque le tendrá que dejar a ella,el otro
vehículo que tienen.Precisamente,esta semana a la mujer le han alargado
el horario de trabajo una hora más y esto,hará que vaya más estresada y
cansada y que esté muy irascible,por todo ello, discutirá con todos y
por todo,desde que la hija no sabe cocinar, hasta que el hijo no limpia
bien la casa,y eso sin contar las peleas con el marido,por si el perro
ladra o unta el piso si lo mete dentro.
Una mañana,cuando el marido venía del trabajo y se disponía a
entrar en el edificio,una vecina lo para y le dice,que cuando vea

a su mujer,le recuerde que le debe un dinero,por los daños que le
causó su perro,al gato de la señora y el hombre,sorprendido
porque no sabía nada le preguntó.-¿Pero qué pasó?.-
-Pues que el otro día,a tu esposa se le escapó el perro,porque
vio a mi gato,le mordió y casi lo mata,pero gracias,a que estaba
ese chico que siempre va con ella y lo evitó.Tuve que llevármelo
urgentemente a la veterinaria,para que lo curaran,pero ella me
prometió,que me pagaría todos los gastos y como llevo unos días
sin verla,se lo digo a usted,ahora que lo he visto aquí.-
-No se preocupe,en cuanto la vea,se lo diré.-Y el padre se subió
para su piso,totalmente avergonzado y cabreado al mismo tiempo y
pensando,que es esto ya ha sido la gota que colma el vaso;el
perro no puede seguir aquí más tiempo.Cuando llega a su casa,
abre la puerta,entra,saluda a los niños que se están preparando
para irse a clase,espera a que se marchen y entonces,se dirige
hacia su mujer,que también se irá dentro de un rato a trabajar y
le dice.-Como solo tenemos un vehículo esta semana,tendrás que
irte en autobús o tren a cuidar a tu madre,porque nosotros,no nos
podemos quedar sin coche,por si nos hiciera falta,que el otro
tendrá que estar en el taller hasta la semana que viene.Por
cierto,la vecina del bajo me ha dicho que le debes dinero de
algo,pero no me ha dicho de qué es,¿eso es verdad?.-
-A sí,ya no me acordaba.Es que le pedí que me comprara una cosa
en la veterinaria para Maldi,un día que ella fue y así,me
ahorraba el viaje a mí.Luego cuando venga se lo daré.Me voy al
trabajo,adiós.-Le dijo ella disimuladamente,pero él,ya sabía que
le había mentido y si le engañaba en eso,¿por qué no le podría
engañar con lo del tío?Después de todo,él ya no estaba aquí por
las noches y precisamente,fue una noche,cuando se lo tropezó en
la entrada y le dijo que venía a ver a una amiga.¿Sería esa amiga
su mujer?,¿o fue simplemente una casualidad?.El caso,es que este
hombre ya no podía confiar en su esposa y por su mente pasa de
todo.Sabe que todas las relaciones de pareja,empiezan a raíz de
una amistad,además el tipo es atractivo y está soltero y ya le
comentó aquella misma noche,que su mujer era muy guapa y
simpática y si encima,su relación,está ahora en su peor momento,
porque discuten muy a menudo y últimamente,desde aquel fin de
semana en que ellos tres se fueron de viaje,ya ni duermen juntos,
piensa,que se dan los ingredientes perfectos para una posible
infidelidad.Aunque para él,hay un claro culpable de toda esta
situación:el maldito perro.Por eso,está planeando un maquiavélico
plan para deshacerse de él,pero tendrá que esperar unos días
más,para llevarlo a cabo.
Hoy también,tendrá que abrirle la puerta del balcón,para que
entre,porque no para de ladrarle a los gatos que está oyendo por
ahí,aunque de poco vale,ya que los sigue escuchando y es que
resulta,que al vecino gruñón,que vive justo al lado y que tantas
veces había venido a quejarse porque el perro le molestaba,ahora
se ha recogido unos gatitos,pero aunque Maldi,siga ladrando de
vez en cuando y no le deje dormir bien,ya no se enfadará más con
él,porque sabe que muy pronto ya no estará.

Ya es viernes por la mañana y cuando el hombre,llega a su casa
después de hacer su turno de noche,la mujer,que pronto se irá
también a hacer el suyo,le comenta lo que hará cuando venga.
-Como hoy,tengo que irme a ver a mi madre en el tren y no puedo
llevarme a Maldi,le diré a mi amigo,que se lo quede estos dos
días,porque ya me dijo que me haría cualquier favor
gratuitamente,ya que sé,que para vosotros es un estorbo.-
-Precisamente de eso te quería hablar.Y es que yo había pensado,
que nos podíamos alquilar alguna casa en el campo,para irnos
nosotros tres con el perro,como hacíamos en los viejos tiempos y
así,podrá correr libre y por donde quiera,¿te parece bien?.-Le
preguntó él,con una falsa sonrisa en la cara.
-Bueno,pues sí se lo lleváis,sí que sería una buena idea.Se lo
pasará mejor.-Le contestó ella,ignorando las verdaderas
intenciones que tenía el hombre y entonces,ella se marchó al
trabajo.Y cuando el marido,se queda solo con el can,se acerca a
él y mientras lo acaricia le dice.-Lo siento amigo,pero nos has
causado demasiados problemas,además,no puedo dejar que mi
matrimonio se vaya a la ruina por tu culpa.Nadie hace favores
"gratis".Cuando tú no estés,ya no verá más a ese tipo,ya no
discutiremos más y ella volverá a ser la misma de antes.-
Y es que el marido,quiere volver a ver a la mujer de la que se
enamoró y cree,que cuando él ya no esté,ella volverá a ser
cariñosa y amable,no estará tan estresada ni distante y le
prestará la atención de antes,aunque también,puede suceder todo
lo contrario,que se distancie aún más e incluso lo deje
definitivamente.
Y por fin llega la noche,la mujer vuelve del trabajo,se prepara
ella y su equipaje,se despide de Maldi más cariñosamente que de
su familia y se va para coger el tren que la llevará a la ciudad
de su madre,sin saber,que ya no lo verá más.
A la mañana siguiente,los otros tres miembros,se preparan y
cuando ya está todo listo,se bajan con Maldi y lo suben al
coche,¡que bien lo van a pasar!,aunque el padre está algo
pensativo,porque no sabe como explicarle su plan a los niños,que
aún no saben nada.Después de un largo viaje,llegan a una zona
rural donde esta la casa,rodeada de campos de cultivo y huertos.
Allí pasarán la noche,que es el momento que el padre está
esperando,para ejecutar su plan.Hasta que llega ese momento,el
hombre,se arma de valor y decide contarle a los niños lo que hará
y porqué.
-Tengo que contaros algo muy importante,pero tenéis que
prometerme que no se lo diréis a mamá.-Y después de que se lo
prometieran,él prosiguió.-La verdadera razón,por la que hemos
venido aquí,es porque esta noche voy a abandonar a Maldi,que no
me dejar dormir por el día,se mea y caga en la casa,ha provocado
varios accidentes,incluido el de vuestra madre la semana pasada y
por su culpa,siempre estamos discutiendo la mamá y yo y es que,
ella ya no me quiere.Y creo que vosotros tampoco lo queréis ya y
no lo echaréis en falta.¿Me comprendéis?.-les preguntó,sabiendo
que ha mentido y exagerado los motivos,para que le den su apoyo.

-¿Y porqué no lo llevas a la protectora o se lo damos a alguien?
Es que me da un poco de pena.-Le dijo el hijo,algo emocionado.
-Porque en el refugio,hay que pagar cada día que esté y en la
perrera lo sacrificarían si está mucho tiempo.Y si se lo diéramos
a alguien,tu madre se lo traería de vuelta otra vez,por eso,esta
es la mejor opción,porque aquí,seguro que si alguien lo ve,se lo
quedará,porque es un perro muy manso y bueno.-Respondió él,según
su criterio,convenciendo a los pequeños de que esta opción,era lo
más beneficioso para el animal,aunque también les dice,que a la
madre le dirán,que falleció porque se cayó a un pozo seco,
mientras se paseaba por el campo.Y llegó la hora de culminar su
plan.El padre monta a Maldi en el coche,se echa un montón de
comida y agua para él y se marchan.Mientras tanto,ajeno a su
futuro,nuestro desafortunado amigo está muy contento,porque desde
que han llegado aquí,lo han estado paseando suelto y libre todo
el día.Tras,casi 2 horas de ir por caminos polvorientos y
estrechos,han llegado a su destino;un paraje solitario por el que
pasa un riachuelo y donde hay cientos de hectáreas de cultivos y
plantaciones de toda clase y que está muy alejado de cualquier
población,pero donde siempre hay gente trabajando y es que el
padre,quiere asegurarse de que no vuelva nunca,porque sabe que
hay casos de perros que han vuelto a sus hogares,recorriendo
cientos de kilómetros.Una vez allí,salen del coche y el
hombre.después de inspeccionar la zona y comprobar que no hay
nadie,(aunque sea de noche),saca la comida y el agua y busca un
sitio para ponérselo y como ha tenido a Maldi todo el día sin
comer,en cuanto se lo pone,éste se tira totalmente hambriento
hacia la comida y es en ese instante,cuando el padre se monta en
el coche y se larga rápidamente,dejándolo allí tirado y solo.
[Llegados a este punto,se aconseja no seguir leyendo si eres una
persona sensible o sentimental,ya que los sucesos y hechos que se
narrarán a continuación pueden herir su sensibilidad,(cada cuál
que se imagine su propio final). También añadir,que a partir de
ahora,voy a "humanizar" a los personajes de la historia,con
sentimientos y diálogos para hacer más comprensible esta cruda
realidad].
Dicho esto,volvamos con nuestro protagonista.Una vez que se ha
comido toda su comida,Maldi se da cuenta de que el padre no está
y comienza a buscarlo,dando vueltas y mirando por ese sitio tan
silencioso,sin verlo por ninguna parte.Es una noche muy fría y
oscura,sin nadie a kilómetros a la redonda,está algo atemorizado
y confuso,pero sabe que su amo no puede estar muy lejos y por
eso,sigue su rastro olfateando por el camino que han venido,hasta
que le pierde el rastro en un cruce.¿Por donde habrá ido,por la
izquierda,la derecha o recto?Al ir en coche,no deja tanto rastro
y no lo distingue de los "olores" de otros vehículos que pasan
por ahí a diario.Su instinto le dice que siga recto,pero después
de recorrer varios cientos de metros sigue sin localizarlo y el
camino vuelve a dividirse,no sabe por donde seguir,solo ve
huertos y más huertos por todos lados.Confundido,decide volver al
punto de partida,donde el padre lo dejó,bebe un poco de agua y
esperará a que vuelva.Como hace mucho frío y no tiene donde

refugiarse escarbará en el suelo un pequeño hoyo,(los que han tenido o tienen mascota,sabrán a lo que me refiero),allí se acurruca y espera paciente hasta que regrese.Maldi tiene frío,está temblando y no puede dormir,es la primera vez en su vida que no está en su caseta o en un sitio cómodo,otras veces lo han dejado solo,pero nunca de esa manera.
Empieza a "llorar",aullando,a ver si así alguien lo escucha,pero no hay ni un alma en kilómetros.Hace ya varias horas que el hombre lo abandonó y no viene nadie en su busca.Él sigue aullando y ladrando de cuando en cuando,a ver si tiene suerte y lo oyen,o si no,tiene la esperanza de que con la luz del día,vendrán a recogerlo o por lo menos,si puede reconocer el lugar,saber donde está y a donde tiene que ir.Y finalmente amanece,pero aún no ha venido nadie,él sigue allí acurrucado y tembloroso del frío que tiene,esperando,sin dormir en toda la noche.Pasan las horas y como sigue sin venir nadie y ya no hace tanto frío,se levanta y comienza a caminar lentamente y sin rumbo,por donde cree que vinieron,a ver si reconoce algo,pero es inútil,es un lugar totalmente desconocido para él.Aunque de pronto,oye un ruido a lo lejos,¡parece un automóvil!.Tal vez vienen ya a por él y efectivamente,se acerca un vehículo,pero es un coche de algún trabajador de la zona,que pasa de largo.Tras un buen rato caminando por eso caminos de tierra,se acerca otro coche,pero una vez más,será algún dueño de alguna finca cercana.Después de varias horas de caminata sin ver a su amo,decide volver otra vez al mismo sitio,no sea que hayan venido y estén esperándolo allí. Pero sigue sin haber nadie,beberá agua y se quedará ahí quieto hasta que vengan,porque está seguro de ello.Sigue pasando el tiempo y ahora escucha unas voces,pero son unos ciclistas que pasan por la zona.Entonces empieza a "llorar" de nuevo,porque ahora que es de día y hay gente cerca,puede que esta vez lo oigan y ...funciona la estrategia,porque transcurridos unos minutos,un hombre que está trabajando no muy lejos de allí,se acerca pensando que será algún perro que podría estar en peligro,ya que en la zona hay muchas balsas y pozos y puede haberse caído dentro,pero cuando llega y comprueba que está bien,se marcha a su faena.Ha sido un día extraño para Maldi,está en un sitio que desconoce por completo,a parte de estar solo y sin nadie.Cae la noche,y hoy todavía será más fría que la de ayer.Maldi se encoge en su hoyo,tiritando por el frío,pero seguro de que mañana,sí vendran a buscarlo.Pero no puede dormir del frío que hace y está asustado por la oscuridad,porque hay ratos,en los que oye ruidos de algún animalito que ronda por la zona,como conejos o ratas y tiene miedo,por eso ladra para espantar lo que sea.La noche se le hace demasiado larga,comienza a aullar,está muy triste,echa de menos su caseta del balcón y sobre todo a su familia.Pasan las horas muy lentamente para él,pronto amanecerá y sigue sin venir nadie.¡Que noche más mala ha pasado,casi se congela!.Por fin sale el sol y cuando caliente un poco y se le quite el frío,se irá a andar por otra ruta distinta a la de ayer,a ver si hoy tiene buena suerte y encuentra a su amo.Mientras camina,ve pasar coches de trabajadores de la zona,pero todos pasan de él.Tras 2 horas

dando vueltas y caminando por ahí,por fin ve a un hombre a lo
lejos,¿será su amo?.Se acerca,pero no es,es un obrero de una
finca,¡que decepción!.Seguirá su camino a ninguna parte,perdido y
desorientado.Ya es mediodía y lleva andando por esos caminos
varias horas,cuando de repente,ve a un grupo de personas en un
bancal,¿será alguna de ellas su dueña?Pues no,otra vez se ha
equivocado,son gente recogiendo frutas del huerto,personas
totalmente desconocidas para él.LLega la tarde,ya ha recorrido
varios kilómetros de caminos de tierra,que están rodeados de
lomas y bancales,hasta que se acerca a un riachuelo que pasa por
allí para beber.También tiene hambre y decide regresar por donde
ha venido,hasta el inicio,porque a lo mejor su dueño a vuelto y
le ha dejado comida.Después de un largo viaje,ha vuelto al punto
de partida,pero allí no hay nadie y tampoco hay comida.
La caminata le ha dado mucha sed y se bebe la poca agua que
todavía le queda y que le dejó el padre.Poco a poco va
anocheciendo y tendrá que pasar otra noche más al raso y con
frío,pero convencido de que mañana,sí que vendrán a recogerlo.
Hace mucho frío,tiene hambre y sed y para no gastar energías,
estará allí quieto los próximos días,esperando pacientemente a
que vengan sus dueñas,porque está convencido de que tarde o
temprano vendrán a buscarlo.Pasan los minutos,las horas y los
días,pero no aparece nadie conocido,por eso,tras pasar en total,5
noches y 4 días,toma la decisión de irse de allí definitivamente,
porque necesita beber agua y comer algo y se dirigirá hacia el
arroyo que vio el otro día,que no está muy lejos de ahí.
Pero mientras se dirige a su destino,ve un vehículo parado en una
orilla del camino y nota un olor muy rico y es que hay una bolsa
con comida colgada en la rama de un árbol.Como está varios días
sin comer,no puede resistir la tentación de intentar cogerla como
sea y finalmente lo logra.La rompe y empieza a comerse los
bocadillos que hay en su interior,con tantas ganas,que no se da
ni cuenta,de que vienen unas personas chillando y gritándole.
-¡Maldito chucho,fuera de aquí!-Y una de ellas,le da un golpe en
la cabeza con un palo,para espantarlo y le hace una herida cerca
de un ojo.Entonces,Maldi sale huyendo y dolorido,quejándose del
dolor y sangrando un poco y es que,era el almuerzo de la gente
que estaba trabajando allí y por sino fuera poco,también le tiran
piedras para alejarlo del lugar,por habérselo comido
absolutamente todo.Tras salir a toda prisa de allí y aunque esté
herido,al menos ya,ha comido algo después de tanto tiempo y
ahora,irá a beber agua al arroyo porque está sediento.Cuando
finalmente llega,sacia su sed,pero hoy ya no andará más,pasará
hay la noche porque ha visto una pequeña cueva en un margen
cercano y se refugiará ahí del frío,con la esperanza de volver a
ver a su familia pronto.
Se cumple una semana,desde que el padre abandonara a Maldi,que de
momento sigue bien físicamente,salvo la pequeña herida que tiene
en la cabeza,que ya no sangra.Al menos ahora,está en un lugar
mejor de donde estuvo antes,porque aquí está cerca del arroyo y
tiene agua y,cobijo para el frío,pero le falta la comida.Tendrá
que aprender a sobrevivir,cazando y pillando lo que pueda hasta

que vuelva su familia,pero la tarea,no es nada fácil para un perro acostumbrado a que le den comida sin hacer esfuerzo.Tras pasar la noche en el agujero del margen y sin tener frío por primera vez,desde que está solo,tendrá que salir a comer algo y pasito a pasito,va olfateando en busca de alimento.Siguiendo el rastro de algún conejo o liebre,llega hasta una zona elevada donde hay un montículo,desde el que se ve todo el valle,que hasta donde alcanza la vista,solo se contemplan huertos verdes y bancales semiabandonados,caminos de tierra y balsas.
Después de perderle la pista a lo que perseguía,ocurre algo extraordinario.De repente,se queda muy quieto,se pone en "modo atención" y oye unas lejanas y muy débiles voces que reconocería entre un millón.
-¡Maldi,Maldi,donde estás!-Es su querida ama,que por fin ha venido con la familia a buscarlo.Desde lo alto del montículo,intenta localizarlos,pero están demasiado lejos y no los puede ver,aunque,sí puede intuir donde están.Lleno de alegría,se lanza a una carrera contrarreloj,dando alaridos para que lo oigan.Y es que la familia ha venido en su busca,porque la mujer se ha enterado de la verdad,gracias a la confesión de su hijo,porque hay que decir,que aunque al principio,le dijeron que Maldi se había muerto accidentalmente tal y como acordaron los tres y ella se lo creyó,el niño,que no podía ver a su madre tan triste y afligida,al final le contó lo que pasó realmente y tras, el lógico y comprensible enfado de la madre con el padre,los ha obligado a los tres a venir en su búsqueda.Pero,aunque Maldi los haya oído ahora,ellos están buscándolo ya muchas horas,porque al primer sitio que han ido,fue donde el padre lo dejó con la comida y el agua.También,van preguntándole a la gente que trabaja por la zona,si lo han visto y dándoles su número de teléfono,por si lo vuelven a ver,ya que algunas personas,sí que lo habían visto hace algunos días.Mientras Maldi,corre a toda velocidad y ladrando a la vez,para que lo escuchen,ellos se alejan poco a poco en el coche,haciendo una parada de vez en cuando para llamarlo,pero con el ruido de los motores y vehículos que están trabajando en el lugar,es imposible que lo oigan.Nuestro amigo,también tiene que parar cuando llega a algún cruce,porque quiere asegurarse de que va en la buena dirección y es que en medio de un paraje con tanta plantación y rutas,es muy fácil perderse,sobre todo si no conoces la zona,¡es como estar en un laberinto!.Y a pesar,de que Maldi si va en el sentido correcto,lleva mucha desventaja.Cuando llega a un punto por donde pasaron ellos,la familia,siempre va un par de kilómetros por delante de él,por eso,en un intento por atajar, Maldi se mete por un huerto que está vallado por el sitio por donde pretendía pasar y ahora,tendrá que volver otra vez para atrás y rodearlo por el camino que quería evitar y eso,le hará perder unos segundos muy valiosos,además,cada vez está más cansado,porque ya lleva muchos minutos corriendo y esto,hace que poco a poco,esté más lejos de ellos.Por otro lado,la búsqueda de la familia es infructuosa y ahora se dirigen hacia un pequeño pueblo cercano,porque saben que donde hay gente,es más probable encontrar comida y quizás esté por allí,melodeando.Mientras

tanto,Maldi intenta seguirlos,pero a mucha distancia,porque ya no
va corriendo por el cansancio,pero con la esperanza de que podrá
alcanzarlos todavía.Después de recorrer más de 5 kms en su
persecución,Maldi tiene que parar a beber un poco,está sediento y
el riachuelo se quedó muy atrás.Ahora tendrá que buscar agua en
otro lado.Esta vez ha tenido suerte y pasa por un bancal que se
está regando a "manta"(o sea como antiguamente,sin goteo),ahí
podrá darse un chapuzón y descansar un poco.
Tras recorrer y preguntar por el pueblo sin éxito,la mujer da por
concluida la búsqueda,porque tienen que regresar a casa y aún les
queda un largo trayecto de vuelta,al fin y al cabo,el padre,que
no quería que lo encontraran,lo trajo aquí,porque estando a casi
4 horas de distancia,sabía que eso era un obstáculo para su
búsqueda y así,no pueden venir más.La única posibilidad que le
queda a la madre de volver a verlo,es que algún día,alguien lo
acoja y la llame.Solo al final de esta historia,sabremos si la
actuación del marido tendrá consecuencias.
Pero volvamos con nuestro amigo,que después de un pequeño
descanso,continuará su camino,ya solo guiado por su instinto,
porque ya no los oye ni puede seguirles el rastro.Está a punto de
anochecer y Maldi,sigue caminando por la orilla de la carretera
que lleva al pueblo,porque sabe que los coches son peligrosos y
lo pueden arrollar,aunque él no se detendrá,seguirá toda la noche
sin parar,no piensa rendirse hasta que los encuentre,pero
paradojicamente,el hecho de haberlos visto y de seguir andando,
alejándose cada vez más del pueblo y del lugar,hace que las
posibilidades de que algún testigo de la zona lo vea y llame a la
mujer,sean cada vez más escasas.Tras unos días de caminata y
siguiendo la misma carretera del pueblo,que ya quedó varios
kilómetros atrás,a Maldi,que no ha comido nada en los 3 últimos
días,ya se le nota la pérdida de peso,menos mal,que si puede
beber agua en algunos de los bancales por los que pasa,cuando
éstos se estan regando.De pronto,mientras camina,un agradable
olor a carne asada,lo desvía de su trayecto y llega hasta una
parcela de naranjos,donde efectivamente,hay un hombre asando y
comiendo carne,¡que aroma más rico¡.Pero como ya tiene miedo de
acercarse por si le pegan,igual que la otra vez,esperará
escondido detrás de un árbol,hasta que el hombre termine de
comer,para ir después,a ver si deja algún resto.Mientras lo
observa,se le hace la boca agua,literalmente y es que el pobre
está muy hambriento.Por fin,cuando el hombre acaba de comer y se
marcha,Maldi se acerca sigilosamente y con cuidado,para comprobar
si quedan restos de comida y tiene suerte,porque hay unos cuantos
huesos y un trozo de pan.
-Veo que tienes hambre.-le dice el hombre,que aparece a unos
metros detrás de él y entonces,cuando Maldi se gira y lo ve hay
tan cerca,sale huyendo,despavorido a esconderse debajo de un
naranjo.
-No me tengas miedo,toma cómete esto también.-Le vuelve a decir
el hombre desde la distancia y le tira un pedazo de carne que le
sobraba y que no había asado.Pero Maldi no se fía,¿y si es un
trampa?,aunque después de unos minutos,el hambre le puede y

finalmente y muy lentamente,se dirige hacia el trozo de carne,sin
quitarle el ojo al hombre,que sigue quieto mirándolo desde la
distancia.Coge la carne y se la lleva rápidamente hacia el
árbol,para comérsela más tranquilo.Viendo el hombre,que el perro
esta "esmallao",va a su coche y saca toda la comida que aún le
quedaba y se la deja en el suelo,para que se la coma y también le
pone un cacharro con agua.
-Aquí te dejo esto,mañana te traigo más.-Le dijo el hombre antes
de irse de la finca y cuando se fue,Maldi sale de debajo del
naranjo para comerselo todo.Aunque sólo era un pedazo de pan
duro,un trozo de queso y un dulce,para él ha sido,como estar en
un banquete y más,si tenemos en cuenta,que estaba varios días sin
comer nada.¡Pero que pena,que no pueda entender lo que le ha
dicho el hombre!,porque nada más terminar de comerse eso,nuestro
protagonista seguirá su ruta.Y al día siguiente,el hombre volvió
tal y como dijo con más comida,pero él ya no estaba,por eso,lo
buscó por toda la zona y como no lo vio,le dejó allí la comida
por si venía.
Quizás Maldi,ha dejado escapar la última oportunidad que tenía
para haber llevado una buena vida,al haberse ido de aquí.Este
buen hombre,estaba dispuesto a quedárselo y cuidarlo bien.
Y entonces,llegaron los días de lluvia y ahora deberá refugiarse
sino quiere mojarse,pero va por una zona donde solo hay lomas
abandonadas y llenas de matorrales y de momento,no ve ningún
sitio para meterse,por eso comienza a correr hasta que por fin,ve
a lo lejos,una vieja casa semiderruida y se meterá allí,hasta que
pare de llover,porque va totalmente empapado y con lo fría que es
el agua de lluvia,está temblando de frío.Menos mal,que hay una
zona de la casa que aún conserva el techo y se resguardará allí
del chaparrón y tras sacudirse,como lo hacen los canes,esperará
encogido en un rincón a que pare.Ya van dos días seguidos,
lloviendo sin parar y aunque no llueve mucho,Maldi no se quiere
mojar más de lo que está,por eso,esperará a que salga el sol,para
salir de su guarida.Está triste y melancólico,echa de menos a su
familia y se pregunta dónde estarán.Tal vez estén en peligro y
por eso no pueden venir.Tendrá que seguir buscándolos,aunque no
sepa por dónde.De pronto,escucha un ruido,como si alguien se
estuviera acercando y oye unos gemidos,¿quien será?.Antes de que
se levante del rincón,ve entrar a otro perro a su misma estancia,
y detrás,entra también una perra,¡qué susto!.También están
calados hasta los huesos y se sacuden allí mismo,para secarse un
poco.El perro,es un galgo con una vida trágica y ella es una
perrita joven y pequeña,ambos también estaban buscando un refugio
por la lluvia.
[A partir de ahora,imaginemos que fueran personas y pudieran
hablar].
-¿Quiénes sois?,¿qué queréis?-les preguntaría Maldi un poco
asustado.
-Tranquilo,solo hemos venido a protegernos de la lluvia.-dirían
los otros dos.
Pero conozcamos un poco mejor,a estos nuevos personajes;Galgo es
un perro delgado y flacucho,que lleva arrastrando una cuerda

atada al cuello,tan apretada,que apenas puede respirar y es que
este ser,está vivo de milagro,porque va lleno de heridas y golpes
por todo el cuerpo,está tuerto y cojo de una pata trasera,porque
lleva clavado un clavo en un anca,que todavía sangra y todo
esto,causado por el dueño que tenía,que lo maltrataba,mientras
que Perrita,es una perra sana,a la que han abandonado hace
poco,porque sus dueñas,estaban hartas de que crie todos los años
y es más fácil y barato,quedarse con un cachorro macho y a ella
abandonarla,que esterilizarla.
-¿Que te ha pasado?,¿porqué tienes todas esas heridas?.-le
preguntaría Maldi a Galgo.Y es entonces,cuando allí,bajo el techo
de esa vieja casa,Galgo cuenta su vida a los demás, mientras se
lame las heridas,para aliviarse un poco del dolor que siente.
-Yo antes,era un galgo muy rápido y veloz,que corría en carreras
y competiciones y hacía ganar dinero a mi dueño,pero todo
cambió,cuando dejé de ganar y perdió todo lo ganado,en las
apuestas.Entonces,fue cuando me ató y empezó a pegarme cada vez
que se emborrachaba,me echó la culpa de su fracaso,me quemó un
ojo con un cigarro e incluso me clavó esta punta de hierro.Pero
yo no iba a dejar que me matara,como a echo con otros y pude
escaparme-.
Y bien cierto es,lo que cuenta Galgo.Por desgracia,ha tenido una
vida muy dura de maltratos y torturas,porque cuando dejó de ganar
carreras,su cruel amo lo ató como castigo y lo tuvo así mucho
tiempo,sucio y lleno de parásitos,rodeado de sus propios
excrementos.Le daba palizas,apagaba sus cigarrillos en su
cuerpo,incluido un ojo y para poder hacerlo sufrir el máximo
tiempo,después de las palizas,lo curaba y le daba comida y cuando
se reponía un poco,volvía otra vez a lo mismo,pero últimamente,ya
dejó de alimentarlo,iba a dejar que se muriera solo,pero por
suerte para él,la cuerda con la que estaba atado,era vieja y
estaba quemada y cuando estiró lo suficiente,pero sin ahogarse,se
rompió y pudo huir de ese tirano,por eso ahora la lleva tan
apretada.De echo,hace tan sólo hace unos días que escapó y fue
durante su huida,donde conoció a su compañera de viaje,Perrita,
que lleva vagando sola y sin rumbo fijo más de un mes,pero al ser
pequeña,le cuesta poco sobrevivir,porque,con un poco que coma y
beba cada 4 o 5 días,es suficiente para ella.De todas formas,un
perro en esas condiciones como las de Galgo,con esa herida en el
muslo,infectada y sangrante,está condenado a morir,es tan solo
cuestión de tiempo.
-¡Cómo puede haber personas así!-exclamó Maldi,que no podía
creerse lo que acababa de escuchar.
-¡Pues sí,todos los seres humanos son despreciables,no te puedes
fiar de ninguno de ellos nunca!-Le dijo Galgo.
-No es verdad.Mi familia es buena gente y nunca me harían daño,ni
a mí,ni a nadie.-le replicó Maldi.
-Eres un iluso,entonces,¿tú que haces aquí?.Se han cansado de tí
y te han abandonado,ya no te quieren.
-¡Eso es mentira,si que me quieren!Lo que pasa,es que no saben
donde estoy,vinieron a buscarme,pero no me vieron y estoy

seguro,de que los volveré a ver.-Le contestó Maldi,algo
mosqueado.
-¡Que infeliz eres!A Perrita,también la querían y cuando se
cansaron de ella,la tiraron como si fuera basura y lleva así
mucho tiempo.Es lo que hacen siempre las personas,son crueles y
traicioneras-.Sentenció Galgo,dando por finalizada la discusión.
Y cuando paró de llover,salieron de la casa y los recién
llegados,decidieron acompañar a nuestro amigo en su búsqueda de
la familia,porque éste les prometió,que si los encontraba,sí los
cuidarían a los 3.Pero antes de iniciar la marcha,tendrán que
buscar algo para comer,porque están hambrientos.Como el lugar,es
una zona de lomas con mucha vegetación,es fácil encontrar
madrigueras de conejos o roedores,pero lo difícil es pillarlos.Si
Galgo estuviera bien,podría cazarlos sin mucha dificultad,pero en
ese estado es imposible y esa tarea recaerá en los otros dos.
Tendrán que coordinarse cuando vean una presa,si quieren tener
éxito y tras varios intentos fallidos,por fin atrapan a un
pequeño conejo,más otro que encuentran muerto,ya tienen al menos
para pasar el día.A Galgo le darán el conejo muerto,que es más
grande,para él solo,porque con lo débil que está,necesita comer
más que los otros,que se repartirán,el pequeño que han cazado.
Tras reponer fuerzas con la comida,inician su camino a paso
lento,siguiendo la carretera por la que Maldi cree que pasó la
familia.Al ir por la cuneta de la carretera,es probable que vean
algún animal atropellado en la vía o en la orilla,para poder
comérselo.Es una buena estrategia,porque pronto ven otro conejo
muerto,pero esta vez,serán Maldi y Perrita los que se lo coman,
aprovechándose de la ventaja que llevan,porque como,Galgo va
muchos metros retrasado por su cojera,ni se entera de que se han
comido algo.Lo malo,es que también han visto varios perros
atropellados y muertos y eso les da muy mala espina.Tres días
después de reanudar la marcha desde la casa vieja,Galgo ya no
puede más,aunque es el único que ha comido y bebido todos los
días,gracias a los charcos de la lluvia y a los restos de
animales muertos que le dejaban los otros.Está demasiado débil,ha
perdido mucha sangre por la herida y además,se ha intoxicado por
comerse aquel conejo muerto que estaba envenenado.
Va tambaleándose de un lado para otro,como una persona cuando
está muy borracha.Finalmente,cae al suelo y avisa a los otros que
van delante.
-Venid aquí por favor.Creo que ha llegado mi final.Ha sido un
placer haberos conocido,espero que logréis el objetivo y que no
sufráis como yo.Ojalá tengas razón Maldi y haya personas buenas y
que no nos maltraten más.-Les dijo,mientras daba su último
suspiro.Y así,allí tumbado en el suelo,alejado de la orilla del
camino,lleno de heridas y parásitos,yace el cuerpo sin vida de un
galgo que tuvo una vida injusta y corta por culpa de un ser cruel
y despiadado.Pero al menos,ha tenido el consuelo de no estar
solo,como les sucede a muchos de su especie,que son abandonados y
mueren en la más absoluta soledad.Ha estado hasta su último
aliento,en compañía de dos buenos o mejor dicho,de sus dos únicos
amigos,que se han preocupado por él hasta el final,aunque

solamente hayan estado juntos unos pocos días.Ahora toca llorar
por el compañero que se ha ido,por eso Maldi y Perrita pasarán
esta noche junto al cadáver,aullando del dolor por su pérdida.
Cuando salga el sol retomarán el camino.Atravesarán valles y
montañas,esquivarán los pueblos y ciudades donde está la "gente
mala",guiados únicamente por su instinto,sin un rumbo
determinado,vagando por carreteras y caminos que no estén muy
transitados.Hay semanas en las que solo comen 1 o 2 días,otras en
las que pueden comer y beber varios días consecutivos.Nuestros
protagonistas son unos héroes,se han convertido en unos
auténticos supervivientes.La época del frío ya pasó y los días se
van alargando poco a poco.Cada vez hace más calor y habrá que
hidratarse mejor,además los parásitos comienzan a hacer acto de
presencia y cada día que pasa son más molestos,sobre todo para
Perrita,que al ser más pequeña,siente más las picaduras que Maldi
y por eso pasa mucho tiempo rascándose.Hoy es un día
especialmente caluroso y eso que el verano todavía está lejos.Van
por un sitio donde las plantaciones están cubiertas por
invernaderos,ya que es una zona donde se cultivan muchas
hortalizas y verduras y el acceso al agua de los goteros no es
posible,porque éstos están totalmente cerrados.Pero de momento,su
prioridad es comer algo,porque están varios días sin probar
bocado y por eso,cuando ven a unos metros delante de ellos,a un
conejo en medio del camino,se lanzan a toda velocidad en su
captura,pero finalmente y tras una larga persecución de varios
cientos de metros,consigue escaparse,metiéndose en un agujero del
margen de una balsa.
Ha sido una carrera agotadora,pero al menos,saben que está ahí y
que no tiene escapatoria.Solo hay que escarbar un poco en la
tierra,para hacer el agujero más grande y la primera en escarbar
será Perrita,que al ser más pequeña,es la que tendrá que entrar
al hoyo cuando quepa,mientras Maldi,vigilará que no se escape por
otra salida,porque hay varios agujeros más,cerca de ese.Tras un
buen rato escarbando y removiendo la tierra,Perrita sale a
descansar un poco,porque va llena de tierra y polvo.Ahora le toca
el turno a Maldi y ella,después de sacudirse un poco el polvo,irá
a buscar agua,porque está sedienta por el cansancio y el calor
que hace.Como tiene el embalse justo ahí y no pueden entrar a los
invernaderos,decide buscar una entrada a la balsa,que no está muy
llena de agua.Después de darle toda la vuelta y comprobar que
está totalmente vallada,solo ve una entrada posible:la tubería
por donde le entra el agua,que es un tubo muy estrecho y por el
que a malas penas cabe.Pero lo que no sabe nuestra amiga,es que
esas balsas forradas con ese plástico negro,se pueden convertir
en trampas mortales.Ignorando por completo el peligro que corre,
Perrita se mete por el tubo y arrastrándose,llega hasta el otro
extremo que está en el interior del embalse y tras salir de la
tubería,se deja caer poco a poco hasta el agua.¡Pero ten mucho
cuidado amiga y no te mojes las patas!.Y tras beber y saciar su
sed,no puede resistir la tentación de darse un baño,para
limpiarse de la tierra que lleva y aliviarse un poco,del picor
que le producen las garrapatas.Después de pasar unos minutos en

remojo,quiere salir ya,pero...¡o no!,se resbala y no puede.Lo
intenta otra vez,pero vuelve a resbalarse y cae de nuevo,aún
así,lo vuelve a intentar con el mismo resultado,pero no se rinde
y probará una vez más.Cómo ve que por ahí no puede salir,irá
nadando,hasta una esquina de la balsa que está menos empinada y
lo intentará por allí,pero es inútil,siempre acaba resbalando y
cayendo al agua.Ahora se irá a la otra esquina,pero en cuanto
sale unos centímetros del agua,vuelve a caerse dentro,porque ese
plástico negro,cuando se moja o humedece es muy resbaladizo.Ajeno
al problema que tiene su compañera,Maldi sigue escarbando en el
hoyo para poder atrapar a su presa,hasta que por fin,tras el gran
esfuerzo realizado,lo logra y sale con el conejo en la boca para
comérselo con ella,pero no la ve por ningún lado,¿donde estará?.
Sin soltar al animal de la boca,se pone a buscarla por los
alrededores,y como no la localiza,se pone a devorar su parte del
desdichado conejo,hasta que empieza a escuchar unos alaridos,que
indudablemente son de Perrita.Entonces,deja de comer e
inmediatamente,va en su ayuda.
-¡Ayúdame,que no puedo salir!.-le suplicaba ella.Y cuando Maldi
llega a la balsa y sube por el costón,la ve allí dentro del
agua,arañando una y otra vez la tela negra para intentar salir de
allí,pero,¿que podría hacer nuestro amigo para ayudarla?
Y se pone a dar vueltas alrededor del vallado del embalse,para
ver si encuentra alguna entrada,pero no hay nada,ningún hueco por
donde entrar y tampoco puede hacer un agujero por debajo de la
valla,porque está sujeta con cemento y el pasillo por donde se
pasa,también está encementado y por la tubería que ella se
metió,él no coge.Maldi está muy nervioso y se siente impotente,
por no poder hacer nada para rescatarla.
-¡Socorro,auxilio,ayudame por favor,Maldi!-.le suplicaba ella,
cada vez más angustiada y desesperada porque veía,que no podía
salir del agua.Entonces Maldi le dice.
-¡Tranquila,voy a buscar ayuda!-Y rápidamente,se va a ver si hay
alguien por ahí,(algún humano),pero hoy es domingo y no hay nadie
trabajando por la zona ni por los alrededores,de hecho,no hay ni
un alma en varias hectáreas a la redonda.Después de recorrer
varios kilómetros de caminos en varias direcciones,sin ver a
ninguna persona,Maldi vuelve a la balsa,donde aún sigue su
amiga,que ya lleva varias horas allí y se pone a ladrar lo más
fuerte que puede,haber si alguien lo escuchara.Con el paso de las
horas,Perrita cada vez está más cansada,porque no para de
intentarlo una y otra vez,por toda la balsa y es que eso,es como
estar en una cinta de correr,porque si te quedas quieto,te hundes
y aunque sepa nadar,no podrá aguantar así mucho tiempo.Maldi no
para de dar vueltas y ladrar...en algún momento tendrá que pasar
alguien cerca.Decidido a salvar a su amiga como sea,se irá por
donde han venido,hasta la carretra más próxima,que está a unos
kilómetros de donde están,porque sabe,que en los coches van
personas y tras varios minutos de carrera sin descanso,llega por
fin y ve pasar coches pero,¿como los puede parar y hacer que
vayan hasta la balsa?

Se pone en medio de la vía,arriesgando su propia vida para que
paren,pero lo esquivan o le pitan para que se aparte.También
pasan ciclistas y les ladra y los persigue unos metros para
llamar su atención,pero lo único que consigue,es que se asusten y
se vayan todavía más rápido.Ahora se acercan unas mujeres
andando,¡esta es su oportunidad¡.Se dirige a ellas y cuando esta
cerca,se tumba en el suelo para hacerse el herido y comienza a
quejarse,aullando.
-Vaya,parece que ese perro está herido,¿que le pasará?.-dice una
mujer,que se arrima a él con cuidado,para ver si le pasa algo y
entonces,acerca la mano para tocarlo y es cuando Maldi,poco a
poco,acerca su morro para dejarse acariciar.
-Hay que perro más simpático y cariñoso...pero,si no tienes
nada.-le dice la mujer,mientras lo acaricia.Pero de repente,Maldi
se levanta y se pone a caminar delante de las mujeres,para que lo
sigan,pero éstas ignoran lo que pretende y cuando Maldi se sale
de la carretera para ir por el camino que ha venido,éstas siguen
su marcha,sin comprender sus verdaderas intenciones.Mientras
tanto,Perrita sigue luchando por no ahogarse,pero el tiempo juega
en su contra,porque aunque,hoy haya echo calor unas horas,el agua
esta fría y eso provoca en ella,que ya empiece a tener frío y a
temblar,por eso,sino sale pronto de ahí podría morir de
hipotermia.
-¡Socorro,que alguien me ayude!-Eso es lo que diría si fuera una
persona,pero en realidad esta ladrando y aullando para ver si
alguien la escucha.Pasan dos coches por un camino próximo,pero
son de un grupo de jóvenes,que van con la música a todo
volumen,buscando un sitio aislado para "divertirse" un rato y no
la escuchan.
Después de una hora intentando atraer a alguien sin éxito,Maldi
regresará a la balsa para ver si su amiga ha podido salir
ya,porque es tarde y en unas horas anochecerá,pero cuando
llega,allí sigue ella,sufriendo,porque cada vez está más agotada
y cansada,temblorosa por el frío que tiene y suplicando por su
vida.
-¡Por favor Maldi,no me dejes morir aquí!.-Pero es imposible
hacer algo por salvarla siendo un perro y de todas maneras,si
Maldi pudiera entrar,también se quedaría atrapado ahí,porque le
hubiera pasado exactamente lo mismo.Cae la noche y a pesar de que
lleva varias horas luchando por no ahogarse,su destino está
sellado.Perrita ya no puede más,le cuesta mucho mantenerse a
flote,ya ha tragado mucha agua y la hipotermia,hace que le fallen
los músculos de las patas.Le quedan pocos minutos,pero demasiado
sufrimiento aún.¡Sólo un milagro podría salvarla!.Pasan los
segundos y Maldi,mira impotente desde arriba,como su amiga,su
compañera de viaje,lucha por su vida,semiparalizada,sumergida ya
casi entera,menos la nariz y boca por donde aún respira,pero poco
a poco se va hundiendo,aunque todavía sigue viva,porque salen
burbujas y se distingue su silueta bajo el agua.Tras unos
segundos,apenas se ve ya su cuerpo desde la superficie del
agua,que cada vez está más sumergido y pronto dejan de salir
burbujas,todo se queda en silencio.Ese embalse,es como un

monstruo que se ha tragado a Perrita.Nuestro amigo sigue al otro lado de la valla,estático y silencioso,con la mirada fija en el agua,que ya está en calma,sin que nada ni nadie la agite y así seguirá ya,toda la noche.Amanece y Maldi ha estado quieto y "llorando" durante esa trágica noche,esperando a que su amiga emerja a la superficie.Se resiste a la evidencia,no puede,o no quiere creer,que no la verá nunca más.
Hoy,si que pasa gente por los caminos cercanos,es un día laborable,pero ya es demasiado tarde para ella.Maldi,ya no puede confiar en los humanos,ellos la pudieron salvar,sin embargo,no le hicieron caso.Será mejor que se vaya de allí,no quiere que nadie lo vea,aunque antes,se comerá la parte del conejo que dejó para su compañera.Otra vez vuelve a estar solo,como al principio de esta odisea,está desolado y triste.Empiezan a surgirle dudas y se pregunta,si volverá a ver a la familia,porque hace ya demasiado tiempo que no los ve,pero no pierde la esperanza de dar con ellos y volver a su vida cómoda de antes.Ahora que la soledad es su única compañía,no tiene que compartir lo poco que coma con nadie,pero también le costará más cazar algo.
Ya han pasado dos meses desde que el padre lo abandonó y Maldi ha recorrido cientos de kilómetros,pero no va en la dirección correcta,de hecho,se está alejando cada vez más de la ciudad donde vivía.Ha perdido mucho peso y está muy delgado y seco, además,los parásitos se le multiplican rápido,por eso es urgente que encuentre a su ama o a alguien que lo cuide;si continúa así,no podrá sobrevivir por sí solo mucho tiempo más.Hoy va por una zona de huertos de limoneros,donde hay cerca un barrio con unas cuantas casas y donde oye a otros perros ladrar.En casi todas las casas hay alguno.Desde la distancia,escondido en medio de los huertos,observa a sus semejantes,como viven bien y felices;unos están atados,pero en su caseta;otros sueltos,pero encerrados en un pedazo de terreno;ve algunos,que juegan con sus dueñas o los pasean,como también hacían con él,hasta hace unos meses.Añora estar con los suyos,los recuerdos de su pasado le vienen a la memoria y ahora esta aquí solo,perdido,pasando hambre y calamidades.
Cuando de pronto,ve pasar a un niño en bicicleta,por el camino que hay junto al bancal en el que está metido,se le ilumina la cara.Lo ha reconocido,¡es el hijo de la familia!.Sale a su encuentro y lo sigue ladrando y corriendo a la par de éste,pero aunque el niño,al principio,se asusta un poco por verlo salir de repente del huerto,luego deja que le siga hasta su casa,porque quiere darle comida,al ver que está tan flaco y esquelético.
-Mira mamá,¿podemos quedarnos a este perrico?Es que se me ha aparecido por el camino y parece que esta abandonado.-le pregunta el niño a su progenitora,pero ésta,le dice sin dudar ni un instante.
-No hijo,aquí ya tenemos a los gatos y no puede quedarse, además míralo,está lleno de garrapatas y pulgas y puede pegárnolas a nosotros y echa peste,a lo mejor está enfermo-.Y es verdad,que de vagar por ahí tanto tiempo,sin bañarse ni

nada,huela mal,aunque no esté enfermo.Y después de darle un poco
de comida,el hijo lo deja a las puertas de su casa.
Maldi ya se dio cuenta,de que no era quien él creía,sino que era
un chico parecido y tras comerse lo que le dejó el niño,se
quedará por la zona,a ver si al menos,le dieran comida o
alimentos,aunque nadie lo acoja.Pero en realidad,solo le esperan
desgracias y penurias.
El principio del fin de esta historia,comienza cuando un buen
día,muy cerca de donde se encuentra Maldi,un hombre pasea a su
mascota suelta,que es ni más ni menos,que un perro de los
llamados de "razas peligrosas" y cuando este animal,llega
olfateando hasta Maldi,que esta tumbado tranquilamente bajo la
sombra de un árbol,lo mira fijamente y entonces,tras unos
segundos quieto,se abalanza sobre él y empieza a morderle.Lo
tiene cogido de una oreja y parte de la cara y lo está
zarandeando,como si fuese un muñeco,mientras éste no para de
chillar y gritar del dolor.En cuanto el amo del perro malo,oye
los chillidos de Maldi,corre a toda prisa a salvarlo de las
fauces del otro animal,pero lo tiene bien cogido y no lo suelta
ni dándole palos,por eso recurre a pincharle con una pequeña
navaja,que por suerte lleva siempre encima,en el lomo a su
perro,que finalmente lo deja en paz.Entonces,Maldi sale huyendo
velozmente,con el rabo entre las patas y sangrando por esa parte
de la cara,dolorido y quejándose.Pero el peligro para él no acaba
aquí,porque ese perro es muy fuerte y su amo apenas puede
sujetarlo,por eso tras unos segundos forcejeando,el can se le
escapa y sale a perseguirlo otra vez.¡Corre rápido Maldi o te
volverá a atacar!.Y tras una larga y angustiosa carrera por en
medio de los bancales y caminos,al final lo vuelve a atrapar,pero
esta vez lo engancha de la parte trasera de un
muslo,desgarrándole un pedazo de carne.Menos mal,que esta vez el
amo ha estado más ágil y rápidamente agarra a su mascota por el
cuello.asfixiándolo, para que lo suelte definitivamente.Ahora no
se le volverá a escapar,porque le pone su collar y el bozal y lo
sujetará con todas sus fuerzas para que no escape de nuevo.A este
hombre. nadie le recriminará,que llevara al perro suelto,porque
ha tenido la gran suerte,de que Maldi está solo y no ha habido
testigos del incidente,que es lo único que le preocupa en ese
momento.Aunque nuestro amigo ya esté a salvo,está gravemente
herido:le ha arrancado un trozo de piel de un muslo de atrás y
también tiene una oreja casi arrancada,colgándole,solo sujeta por
un poco de pellejo.No para de quejarse del dolor que
siente.mientras se aleja del lugar con las pocas fuerzas que le
quedan.Se dirigirá a un río que vio unos días antes de venir a
este lugar,para hidratarse y limpiarse un poco la sangre,porque
le escuezen mucho las heridas.Pero va cojeando por la mordedura
en la pata trasera,eso significa que tardará más en llegar,además
un perro cojo y solo,es una sentencia de muerte.Paso a paso sigue
su camino,dolorido pero firme,hacia el río.Y por si no fuera
bastante sufrimiento ya,a parte del dolor,el hambre y la sed son
insoportables,por eso cuando ve cualquier cosa que se pueda comer
lo hace,sin pensar en las posibles consecuencias,como en este

caso,que se ha detenido a comerse un animal muerto y que está ya
semipodrido y con gusanos.También ha bebido en charcos de aguas
estancadas y contaminada con abonos y pesticidas,suponiendo para
él un altísimo riesgo de contraer alguna enfermedad.
Hoy es un día lluvioso,pero al menos la lluvia,limpia sus heridas
y alivia un poco sus dolores,de todas formas busca un refugio
porque está lloviendo mucho y lo encuentra en una especie de
cabaña,hecha con maderas,en un bancal abandonado. Se mete allí
hasta que pare y cuando deja de llover,sale para seguir su ruta
hacia el río,por una carretera muy transitada que lo cruza,así
podrá alimentarse de los conejos o animales muertos que hayan
sido atropellados,porque es consciente de que en esas
circunstancias,ya no puede cazar nada.
Maldi,ya no es el perro alegre,lustroso,juguetón y vigoroso que
era hace tan solo unos meses.Ahora está en los huesos de lo flaco
que se ha quedado,se ha vuelto miedoso y tristón, aparte de estar
herido y débil,pero nada de lo que le pasa es su culpa,tan solo
es una víctima más de un hecho tan horrible como ser
abandonado.Tiene que encontrar pronto a su dueña para poder
recuperarse y volver a ser el que era,antes de que sea demasiado
tarde,porque desde que le mordió aquel perro y lo dejó cojo,todo
lo que come son restos de animales muertos y en muy mal estado y
es solo cuestión de tiempo,que los parásitos y la mala
alimentación le pasen factura.Por fin ha llegado a su
destino,después de 4 días andando,dentro de sus posibilidades,cuando lo normal,es que hubiera hecho ese mismo trayecto en
tan solo un día.Ha decidido quedarse y esperar a la familia
aquí,porque ya no puede buscarlos más,está exhausto,se ha quedado
sin fuerzas y lo poco que ingiere lo expulsa rápidamente mediante
vómitos o diarreas.Seguro que ha cogido alguna infección
bacteriana y tiene la cara hinchada porque se le ha infectado la
herida,del bocado que le dio aquel perro en la oreja. Todavía
está a tiempo de curarse,si fuera a una clínica veterinaria y por
eso confía,en que algún coche de los que pasa por la carretera de
la que ha venido,sea el de su querida ama.
¿Cómo acabará esta historia?,¿con un final feliz o trágico?, ¿que
acabará antes con la vida de nuestro protagonista?,¿el hambre,los
parásitos,la enfermedad bacteriana o las infecciónes de las
heridas?.
No obstante,el tener acceso al agua dulce y pura del río,le
beneficia muchísimo.Eso hace que se aferre a la vida y siga
consciente y atento para cuando llegue su familia a
recogerlo,pero sin medicamentos ni fármacos,ni atención sanitaria
urgente,no puede durar mucho,porque las heridas por las
mordeduras del otro perro son muy graves y gota a gota se
desangra.También tiene cobijo debajo del puente,por el que pasa
la carretera,que tiene bastante tráfico,tanto de vehículos como
de ciclistas y seguro que si alguien lo viera, podría
ayudarlo,pero lo malo,es que Maldi pasa todo el tiempo bajo el
puente y en silencio,ya no ladra ni auya,tiene que reservar las
pocas energías que le quedan y solo se mueve de ahí,cuando sube
por la noche a la vía en busca de algún bicho que haya sido

arrollado.Sin embargo,milagrosamente,así sobrevive,algunas heridas parece que ya no sangran y los parásitos los puede soportar de momento.
Esta noche hay mucha niebla,pero eso no le impide ir a la carretera a ver si encuentra algo de comida.Y es que en las últimas noches no ha visto nada,aunque hoy si que ve una liebre atropellada nada más llegar al camino,pero está tan destrozada,que no le queda más remedio que comérsela allí mismo,sin saber el riesgo que corre por la densa niebla.Es un buen manjar para él,porque está recien muerta y es carne fresca y buena,¡hacía muchos días que no comía algo tan rico!Aunque...se aproxima un coche y lo conduce un hombre que viene de una fiesta y ha bebido alcohol.Debería ir más despacio de lo que va con esa niebla tan espesa,¡vamos Maldi termina pronto de comer!.El coche se acerca y...¡o dios mío!.
De reperte se oye un frenazo.Le ha dado y aunque el impacto no ha sido muy fuerte por el frenazo,le ha topado en la mitad trasera del cuerpo,desplazándolo y volteándolo a un metro de distancia.Maldi se levanta del suelo como puede y cuando ve al conductor salir del coche,temeroso de lo que éste le pueda hacer,reune las pocas fuerzas que le quedan,para salir huyendo del lugar,dando alaridos del dolor y perdiéndose entre la espesa niebla y el hombre,viendo que el perro ya no está,pero que sigue vivo,porque lo oye quejarse y tras comprobar que el vehículo no ha sufrido ningún daño y sabiendo que no puede avisar a nadie porque va bebido,sigue su marcha,antes de que alguien lo vea hay parado y llame a la policía.
Por si aún no tenía bastantes problemas el pobre Maldi,este accidente ha sido la puntilla para él,no solo,porque el que le ha topado ha sido un insensato,al ir medio borracho y no acudir a socorrerlo,como hubiera hecho cualquiera,si no,porque además,aunque el golpe no ha sido a mucha velocidad,si que ha sido lo suficientemente fuerte para romperle unas costillas y varias venas interiores,pero él no lo nota,por lo reciente del golpe.Dicho de otro modo,le han provocado una hemorragia interna y eso es una herida mortal.Tras beber un poco de agua del río y volver a su guarida,al poco rato,comienza a sentir un dolor intenso en el estómago,el corazón le late cada vez más deprisa y empieza a sangrar por la boca.Le quedan pocas horas de vida,la cuenta atrás para él ha empezado.Es entonces,mientras esta allí tumbado y con las náuseas que tiene,cuando le vienen a la memoria recuerdos de su pasado.
Se acuerda de que una vez tuvo su propia familia;su mamá y hermanos,con los que convivió muy poco tiempo,hasta que los separaron y no volvió a verlos,ni saber nada de ellos nunca más,¿que habrá sido de ellos?,¿habrán corrido su misma suerte?,¿o quizás viven felices con sus dueñas?.También recuerda cuando vivía feliz con su familia adoptiva,como lo paseaban por el campo y jugaba con el niño y la niña.
-¿Donde estarán?,¿porque no han venido a buscarme?,¿les habrá pasado algo malo?.-Son las preguntas que ahora,moribundo,se hace nuestro desafortunado protagonista,mientras,a cientos de

kilómetros,el padre vive feliz con su familia,los cuáles,ya se
han olvidado,casi por completo de él.Es cuando comprende por
fin,que ya no los volverá a ver.Le empiezan a salir lágrimas de
los ojos.Tal vez eran ciertas aquellas palabras que le dijo
Galgo:-Se han cansado de tí y te han abandonado,ya no te
quieren.-Galgo tenía razón,por alguna causa que él desconoce,se
ha dado cuenta de que a él también lo han abandonado,como a
tantos otros.
-¿Porque a mí?,¿que he hecho mal?-Se pregunta Maldi,que no se
explica como,ni porqué ha acabado así.¿Cómo pueden haber seres
que duden,rechazen,maltraten y odien a otros?Él no quiere ser
así.Si mañana volviera a nacer,sería otra vez lo que ha sido,un
animal,que solo tenga la opción de querer y amar,de ser fiel y
acompañar a quien lo cuide,hasta su último aliento,sin dudar
nunca ni un instante y ser siempre agradecido.
Hace unos segundos que el corazón de este héroe dejó de latir.Con
unas lágrimas recorriendo su rostro,yace su cuerpo inerte,allí
acostado,en medio de un charco de su propia sangre,debajo de un
puente donde muy probablemente,su cadáver se descompondrá sin que
nadie se de cuenta jamás.Y así,igual que comenzó,se acaba la
corta historia de este ser,que en verdad,nació para vivir al
menos una década y sin embargo, apenas ha sobrepasado los dos
años.La jugada le salió bien al padre,pero esta aventura,debería
hacernos reflexionar para evitar que estos hechos ocurran,porque
nos aprovechamos de la ventaja,de que los animales no pueden
delatarnos,ni juzgarnos,ni pedir auxilio...nos creemos muy
superiores y los amos del mundo,pero si nuestras mascotas
pudieran hablar como los seres humanos,estoy seguro de que sólo
les bastaría con decirnos estas tres palabras,para cambiarnos esa
mentalidad,
-NO ME ABANDONES-.
Por eso,si con la capacidad tan extraordinaria que tenemos de
comunicarnos,expresarnos y dialogar entre nosotras,(las
personas),aún así,provocamos guerras y conflictos,pobreza y
hambre,tal vez,deberíamos de dejar de autodenominarnos "seres
inteligentes",porque quizás,en realidad,no lo seamos tanto.

www.ingramcontent.com/pod-product-compliance
Lightning Source LLC
Chambersburg PA
CBHW061548250726
48657CB00006B/2361